IN THE HERO

「イン★ザ★ヒーローの世界へ」

俳優・唐沢寿明の守護霊トーク

大川隆法

Ryuho Okawa

本霊言は、2014年9月16日、幸福の科学総合本部にて、
質問者との対話形式で公開収録された（写真上・下）。

まえがき

「まさか」という感じだった。今、上映中の映画「イン・ザ・ヒーロー」の宣伝に一役買うつもりなど毛頭《もうとう》なかった。事前PRを観《み》ただけで、全体のストーリーや結末が見通せる映画で、不覚にも泣いてしまうという体験は久しぶりだった。私が勧めて観た何人かも「泣きました」という人も多かったので、俳優唐沢寿明の魂の中に人の心を感動させるメッセージが何か潜《ひそ》んでいるということだろう。

結末の百人の黒忍者と、ノーワイヤーで地面にたたきつけられながら、炎につつまれて戦い抜く白忍者の死闘のハイライトも圧巻だが、最期のシーンを撮る前に、控え室で正座して、キチッとライトを消してから出ていく唐沢の孤高の姿に身がひきしまる思いがしたのは私一人だけではなかろう。

厳しい経済環境の中、戦い続けているパパ族と、その家族のために、唐沢さんの守護霊の言葉を紹介したい。ご本人にも、多くの人々にも喜んで頂けるとうれしい。

二〇一四年　九月二十日

幸福《こうふく》の科学《かがく》グループ創始者兼総裁《そうししゃけんそうさい》　大川隆法《おおかわりゅうほう》

「イン・ザ・ヒーローの世界へ」
――俳優・唐沢寿明の守護霊トーク――

目次

「イン・ザ・ヒーローの世界へ」
――俳優・唐沢寿明《からさわとしあき》の守護霊《しゅごれい》トーク――

二〇一四年九月十六日　収録
東京都・幸福の科学総合本部にて

「霊言現象《れいげん》」とは、あの世の霊存在の言葉を語り下ろす現象のことをいう。これは高度な悟《さと》りを開いた者に特有のものであり、「霊媒現象《れいばい》」(トランス状態になって意識を失い、霊が一方的にしゃべる現象)とは異なる。外国人霊の霊言の場合には、霊言現象を行う者の言語中枢《ちゅうすう》から、必要な言葉を選び出し、日本語で語ることも可能である。

また、人間の魂《たましい》は原則として六人のグループからなり、あの世に残っている「魂の兄弟」の一人が守護霊《しゅごれい》を務めている。つまり、守護霊は、実は自分自身の魂の一部である。したがって、「守護霊の霊言」とは、いわば本人の潜在《せんざい》意識にアクセスしたものであり、その内容は、その人が潜在意識で考えていること(本心)と考えてよい。

なお、「霊言」は、あくまでも霊人の意見であり、幸福の科学グループとしての見解と矛盾《むじゅん》する内容を含《ふく》む場合がある点、付記しておきたい。

「イン・ザ・ヒーローの世界へ」

――俳優・唐沢《からさわ》寿明《としあき》の守護霊《しゅごれい》トーク――

二〇一四年九月十六日　収録

東京都・幸福の科学総合本部にて

唐沢寿明《からさわとしあき》（一九六三〜）

俳優。十代で俳優を志すも、当初は特撮《とくさつ》番組のスーツアクター等で苦しい下積み生活を送る。さわやか路線に転向後、ドラマ「愛という名のもとに」のエリート青年役でブレイク。主な出演作として、ドラマ「利家《としいえ》とまつ」「白い巨塔《きょとう》」「不毛地帯《ふもうちたい》」「ルーズヴェルト・ゲーム」や、映画「本格科学冒険《ぼうけん》映画 20世紀少年」「イン・ザ・ヒーロー」等、多数。配偶者《はいぐうしゃ》は女優・山口智子《やまぐちともこ》。

質問者　※質問順

酒井太守《さかいたいしゅ》（幸福の科学宗務《しゅうむ》本部担当理事長特別補佐《ほさ》）

竹内久顕《たけうちひさあき》（幸福の科学宗務本部第二秘書局局長代理）

南無原《なむはら》みろく（幸福の科学理事　兼《けん》　青年局長）

［役職は収録時点のもの］

1　下積みから大俳優になった唐沢寿明《からさわとしあき》の守護霊《しゅごれい》を招霊《しょうれい》する

不覚にも泣けた唐沢寿明《からさわとしあき》主演の映画「イン・ザ・ヒーロー」

大川隆法　今日もまた、やや苦手《にがて》なものをすることになりましたが（笑）、気分転換《てんかん》で、「変わったものをやったほうがいいかな」と思っているところです。

今年の九月六日から、唐沢寿明《からさわとしあき》さん主演の映画「イン・ザ・ヒーロー」が公開されて、すでに十日ぐらいです。

私は、この映画を観《み》て、不覚にも泣いてしまいました。それで悔《くや》しくて、その涙《なみだ》が本当だったかどうかを確かめるため、子供を連れてもう一回観に行ったら、子供たちも泣いていたので、「やはり、そういう映画だったらしい」ということでしょう。

ともあれ、スターを目指す人であれば、観ておいたほうがよい映画の一つではないかと思います。

唐沢さんについては、活躍《かつやく》し出してから知った人のほうが多いかもしれません。

「イン・ザ・ヒーロー」は、かつてスーツアクターをしていた唐沢さんの自伝的な面が多少入っている映画で、「裏方の時代が長かった」というあたりについては、スターではなく、おそらくサラリーマン社会で生きている人にも、感じるところのある人が多いのではないでしょうか。〝縁《えん》の下〟の役や〝脇役《わきやく》〟で終わっている人、〝スター〟をつくるために、陰《かげ》で支えている人も多いでしょう。

スーツアクターとは、要するに、仮面《かめん》ライダーのなかに入っている人や、その

映画「イン・ザ・ヒーロー」
（2014年公開）

敵役《てきやく》であるショッカーのなかに入っている人などのことですが、唐沢寿明さんも、あのショッカーのなかで殴《なぐ》られたり蹴《け》られたりしながら役を務《つと》めていたといいます。

今はもう大俳優になっているので、ちょっと想像がつかないのですが、ああいう、顔を見せられず、名前も出ない役をしていた方なのです。

今回、この映画がつくられて、そういう時代のことが多少明らかになりました。

スーツアクターが演じる仮面ライダーとショッカーの戦闘シーン（石森プロ・東映）

エリート社長や医師等を見事に演じる唐沢氏の〝意外な下積み時代〟

大川隆法　ただ、俳優としてはさまざまな役柄《やくがら》をこなしています。

「利家《としいえ》とまつ」（二〇〇二年NHK大河《たいが》ドラマ）では前田《まえだ》利家を演じて当たりましたし、「不毛地帯《ふもうちたい》」（二〇〇九年フジテレビ開局五十周年記念ドラマ）でも主役を演じました。

最近では、「ルーズヴェルト・ゲーム」（二〇一四年TBS系列ドラマ）で社長役をしました。数年前に外部からスカウトされて来たばかりにもかかわらず、いきなり経営を任されるエリート社長の役です。

そのように、本人の人生とは違《ちが》うタイプの役でも平気で演じる方で、いろいろな役柄をオールマイティーにこなされていると思います。

「白い巨塔《きょとう》」（二〇〇三年フジテレビ開局四十五

ルーズヴェルト・ゲーム（2014年 TBS 系列ドラマ）

周年記念ドラマ）では、大阪《おおさか》大学医学部がモデルともいわれる国立大学病院に勤務する助教授の役で、医学部のなかにある、教授になるときの権力欲や、学歴絡《がら》みのギラギラした出世欲のところなどを見事に演じられていたと思います。

しかし、本人は、都立蔵前《くらまえ》工業高校を二年で中退してしまい、親から家を追い出され、食うや食わずの生活をしながらアクション俳優の裏方のようなことをしたりと、いろいろ苦労したようです。

それは、一九九六年に出た『ふたり』という彼のエッセイにも書かれています。当時、百万部以上売れた本らしく、高校の社会科の副読本にもなったといいます。

確かに、もう一つ別の〝人生の教科書〟の部分があるかと思います。世の中の厳しさ、そのなかで自

『ふたり』（幻冬舎）
唐沢氏の人生哲学の綴られたエッセイはミリオンセラーとなった。

分を鍛《きた》える厳しさや、夢を持ち続けることの難しさ、「それでも、やってのけなければいけない」という感じが出ていますし、この人の持っている正義感のようなものがにじみ出していますので、何かと参考になるところの多い方なのではないかと思います。

役づくりのためにさまざまな努力をする俳優の人生観等を訊《き》く

大川隆法　そのように、話せばいろいろありましょうけれども、今日は、この人（守護霊）がさまざまなことを語ってくれる可能性があります。

私も少し意外だったのですが、そこまで下積みが長かったとは知りませんでした。

俳優さんたちも、演技の役づくりのために、そうとう勉強したり、体を鍛えたり、体重や筋肉の量を増やしたり減らしたりと、いろいろとしているらしいことを聞いて、「やはりなかなか大変だな」と、最近つくづく思うことが多くあります。

唐沢さんも、「役づくりのために、毎日ブロッコリーと赤身の肉ばかり食べていた」と言っているのを見ると、何だかたまらないものがあります。「いやあ、筋肉を見せるというのは大変なことなんだな」と、つくづく思いました（笑）。

さて、どうでしょうか。何らかの人生観が訊《き》けるかもしれません。幸福の科学グループも、今、スター養成部や、芸能プロダクションもあれば、映画もつくっていますので、こうした演技、演劇の世界について、将来の参考材料として少しずつ研究を進めていっておいたほうがよいのではないかと思います。

まさか、こういう方面に手を出すとは、私も思ってはいなかったのですが（笑）。

ぶっつけ本番で臨《のぞ》んだ東京ドーム講演会での危険な演出

大川隆法　ただ、おそらく、多くの人にとってそうなのでしょうが、映画を観ると、二重写しに見える部分があるのです。

私も、息子《むすこ》と娘《むすめ》を連れて二回目を観に行ったとき、唐沢さんがノーワイヤー、ノーCGで、八・五メートルの高さから飛び降り、百人の黒忍者《くろにんじゃ》と戦う白《しろ》忍者役を演じるシーンについて、「一万人以上の講演会をするときの気持ちは、だいたいあんなものだよ。そのくらいの講演会をすると、あれと同じような気持ちが、たぶん分かると思う。一発失敗したら、もう、それで終わりなんだ」という話をしました。

「大規模の行事では、一回失敗して、聴衆《ちょうしゅう》がしらけたら、もうそれで終わりになるから、絶対、失敗するわけにいかない」という感覚は、このシーンを観ればよく分かると感じたのです。

幸福の科学の初期のころ、東京ドームに五万人が集まった講演会のことは、子供たちも、まだ小さかったために直接は知らないのですが、当日、私は、すべてのことを「練習なし」で、いきなり行っていたわけです。

そもそも、「龍《りゅう》」や「象」などの形を模《も》した演台等の舞台《ぶたい》セットは当日まで出来上がらないため、その上に乗る練習もしようがありませんでしたし、靴《くつ》や衣装《いしょう》も、当日ギリギリで間に合って出来上がってくるような状態でした。

また、宝具《ほうぐ》である「降魔《ごうま》の剣《けん》」を抜《ぬ》いてみたら、つくりは非常によいのですが、重さを指定していなかったために、重い！（笑）剣を抜いて、修法《しゅうほう》「エル・カンターレ ファイト」（幸福の科学における悪魔祓《ばら》いの秘儀《ひぎ》）を切ろうにも、この剣では重くて切れないし、剣を収めている左側のベルトが重みで下がってきてしまうのです。「こんなに重い剣をつくって……。もっと軽くつくらないと駄目《だめ》だ。

これで『エル・カンターレ ファイト』を切る側の身になってほしい」と感じました（笑）。

重みでベルトが下がるほどですから、二キロはある剣なのです。これを片手で持って軽々と切ってみせなければいけないわけですが、いきなりするのは、たまったものではありません。

そのように、たいていは練習なしで、いきなり行っていたわけです。

最初の東京ドーム（一九九一年御生誕祭《ごせいたんさい》）では、エジプトのピラミッドのような高い舞台セットの裏からエレベーターで上がり、急な階段を下りていくという演出でした。

当時は、（質問者の）南無原さんのお父さんの南原宏治《なんばらこうじ》さん（俳優、幸福の科学本部講師）もご存命でしたが、確か、あれを見て、あとで舞台の責任者だった小田《おだ》（正鏡《しょうきょう》）さん（現・幸福の科学専務理事〔メディア文化事業局担当〕）に、

「先生が転げ落ちたらどうするんだ」とクレームをつけていたのを覚えています。

確かに、あの角度だったら、回転して転げ落ちる可能性が十分にありました。下りる練習を一回もしていなかったので、転げ落ちる可能性があったということで、強烈《きょうれつ》にクレームをつけていたのです。

確かに、体重を考えると、あれは危険な角度だったように思われますが、そういった事故が起きる危険性のあることは、舞台経験のある人には分かることでしょう。

また、〝龍〟にも乗りましたが（一九九四年、東京ドームでの「エル・カンターレ祭」）、あれはクレーン車の〝頭〟です。クレーン車の〝頭〟の外側に張りぼ

1991年御生誕祭（東京ドーム）での登場シーン。

てをつくって首を振《ふ》らせたのですが、あれも少しきつかったのです。さらに、〝象〟に乗ったこともありましたが（一九九三年、東京ドームでの「御生誕祭」）、とにかく、いろいろなことをしました。

　おそらく、子供たちには法話《ほうわ》の内容が理解できず、目で見たものしか分からないと思ったので、わざわざ来てくれた以上、なるべく、「見て面白《おもしろ》かった」というような感じだけでも持ってもらいたいと思って、そのようなことをしたわけです。そういう気持ちは、この映画（「イン・ザ・ヒーロー」）でも同じなのではないでしょうか。

　当会の秘書に訊いてみても、「当時は子供でした

1993年御生誕祭では“象”に乗った。

1994年エル・カンターレ祭では“龍”の頭に乗って登場。

が、学校を休んで石垣島《いしがきじま》から来ました」などと言っていました。ただ法話の中身だけ聴《き》いたのでは分からないはずですので、そうした「見せる」ということも大事なことなのだろうと思います。

味のある映画だった「イン・ザ・ヒーロー」

大川隆法　唐沢さんは、スーツアクターをしていたわけですが、「スーツ（着ぐるみ）を着ていて顔は見えないのだけれども、スーツアクターの蹴りに、子供たちが夢を感じているのだ」というようなことを言っていたと思います。確かに、そういうところはあるので、「いろいろな人の目を意識して仕事をしているということはあるのだな」と思いましたし、そのあたりの努力や苦労がにじみ出ているようなところはありました。

実際、（映画「イン・ザ・ヒーロー」のなかで）「五十一歳《さい》で、八・五メートルの高さから飛び降りたあと、百人の忍者と斬《き》り合う」というのは、目茶苦茶《めちゃくちゃ》な設定でしょうが、この人だからできたことでもあろうと思います。

あるいは、今、同時期に、やや大型の映画ではありますが、「るろうに剣心《けんしん》」を上映しており、そこには相手役の志々雄真実《ししおまこと》が全身に白い包帯を巻いて出てくるため、それに対抗《たいこう》して考えたのかもしれません。そのへんは分かりかねます。

ただ、規模的には小さいものの、「イン・ザ・ヒーロー」は、なかなか味のある映画であったと思います。

高校時代に演劇の主役を経験した私

大川隆法　さて、唐沢さんの守護霊とは、まだ話をしたことがないので、どんな方が出てきてくれるのかは分かりません。唐沢さんは、若いころ、ブルース・リーに憧《あこが》れて、だいぶ、そのまねをしていたということです。私自身は、ブルース・リーには特に惹《ひ》かれないものの、なぜか唐沢さんの演技には惹かれるものがあります。

惹かれる理由があるとすると、私は高校で剣道をやっていたことがあるのと、高一、高二のときには、文化祭で劇の主役を二回ぐらいしたこともありました。

高一のときには、「シンデレラ」でしたが、女役で〝ウエディングドレス〟を着て主役をやりましたし、高二のときには、山男《やまおとこ》の役をしたのです。そのときは皮衣《かわごろも》を着て高下駄《たかげた》を履《は》き、腰《こし》に荒縄《あらなわ》を巻いて、ひげを生《は》やしてやりました。正反対の役を二つしたわけです。

また、その後のこととして、何かに書いた覚えはありますが（『太陽の法』〔幸福の科学出版刊〕参照）、演劇部の女子に追い回されたこともありました。しかし、「剣道部で週六日も練習しているのに、

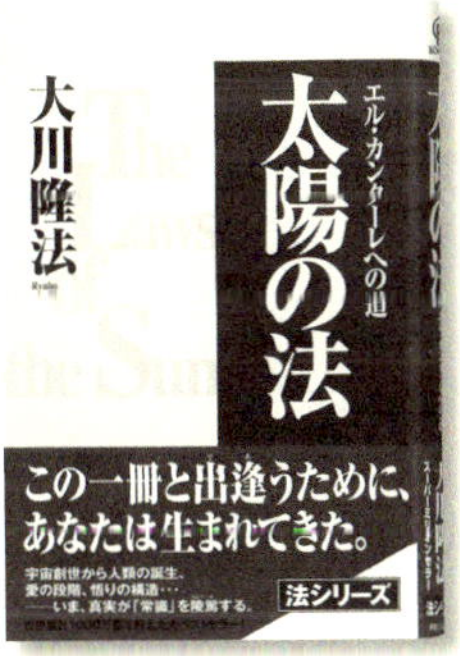

『太陽の法』
（幸福の科学出版）

これで演劇部にも入ったら、私の人生は終わりだ。もう、行ける大学がなくなる可能性がある」と思ったので（笑）、必死になって「勘弁《かんべん》してくれ」と懇願《こんがん》したことを覚えています。ただ、しつこく何カ月か追いかけられたような気がします。

実は、私のいた剣道部は、幸福の科学学園でいうと「強化部」並みで、月曜日から土曜日まで練習があり、日曜日にはよく試合をしていましたから、勉強する時間の確保は、かなり厳しかったのです。また、私は、高校から剣道を始めたので、中学や小学校からやっていて進んでいる人たちに何とか追いつかなくてはいけないと思い、一生懸命《いっしょうけんめい》に取り組んでもいました。

例えば、雨が降りそうな日などには、袋《ふくろ》に入った折り畳《たた》み傘《がさ》を駅のホームで振っていたぐらいです。それは周りに失礼なことで、少し〝いかれて〟いるかもしれませんが、そのくらい練習をしていたわけです。

ただ、これに演劇部が加わったら、徳島《とくしま》大学の教育学部も難しくなるのではないかと考え、懇願して逃《に》がしてもらいました。

それにしても、しつこかったのです。演劇をやっているのは、たいてい私立文科系進学の女子なのですが、私が教室を出るときに待っていて、「演劇部に入れ、入れ」と言われました。

あるいは、演劇をやっていれば、もう少し何かできたのかもしれないと思うところもあるのですが、私としては、高校時代に秀才《しゅうさい》として知られたかったわけです。それが何か、演劇の主役で、「演技が面白い」ということで知られてしまい、その当時は、どこか不本意で残念ではありました。そもそも〝本格派の秀才〟として知られたかったのに、〝ずっこけ風のアクター崩《くず》れ〟のようなかたちで有名になってしまい、「こんなはずではなかったんだけど」という感じではあったのです。

ただ、その後の仕事を見たら、両方を合わせたようなことをしているようにも思います。やはり、「人前に出る仕事」という要素があるので、何らかのオーラのようなものが出ていたのかもしれません。自己イメージとは違って、そうだった可能性もあります。

俳優・唐沢寿明の守護霊を招霊《しょうれい》する

大川隆法　余計なことをたくさん述べましたので、そろそろ本人に「演技論」を語っていただいたほうがよいかと思います。

まだ、守護霊とはコンタクトをしておりませんので、どなたが出てこられるかは分かりません。こういう役のあとですから、きっと男性的な方が出てくださるのではないかと思いますけれども、どんな方かは分からないところがあります。

では、現在上映中の「イン・ザ・ヒーロー」という映画で、たいへんブレイクしておられます俳優・唐沢寿明さんの守護霊をお呼び申し上げたいと思います。

唐沢寿明さんの守護霊よ。

唐沢さんの守護霊よ。

どうか、幸福の科学総合本部に降りたまいて、われらに、その演技の心、アーティストの心について、お教え願いたくお願い申し上げます。

唐沢さんの守護霊よ。

唐沢さんの守護霊よ。

どうか、幸福の科学総合本部に降りたまいて、われらに、その演技の心をご指導くださいますよう、お願い申し上げます。


（約十五秒間の沈黙《ちんもく》）

2 俳優下積み時代の「原点」を振《ふ》り返る

第一声は、映画「イン・ザ・ヒーロー」の苦労話

酒井　こんにちは。

唐沢寿明守護霊　（何度か首をひねる）うん。なんか、首が傷《いた》んでる役をすると、本当に痛んでくるんですよねえ。

酒井　ああ、そうなんですか。

唐沢寿明守護霊　うーん。

酒井　やはり、あのシーン（映画「イン・ザ・ヒーロー」のクライマックス。落下して炎《ほのお》にまみれながら殺陣《たて》を繰《く》り出すシーン）で首を傷めたのですか。

唐沢寿明守護霊　いやあ、傷めますよ、ちょっとは。やっぱりねえ。

酒井　かなり白熱のシーンで……。

唐沢寿明守護霊　ええ、やっぱりねえ、スタントとか俳優をやる場合、ケガはしかたがないですね。手足、首、肩《かた》、もう、何でもケガしますね。

酒井　「五十一歳《さい》で、あの役をやる」というのは、すごいことですよね。

唐沢寿明守護霊　いやあ、そらあねえ、やっぱり鍛《きた》え込《こ》まなきゃあ駄目《だめ》ですよ、人間。引退するわけにはまだいかないですから。

酒井　ええ。そうとう減量もされて、「六十三キロを五十六キロにした」という、これは、ダイエット法でいえば、すごいダイエットですよね。

唐沢寿明守護霊　ちょっと痩《や》せるとね、若く見えるし、そういうスタントをやってるイメージが出るからねえ。

あんまり太ってると、社長役なんかには、いいんですけどねえ。

俳優業は厳しい「忍耐《にんたい》の仕事」

唐沢寿明守護霊　いやあ、人生、厳しいですよ。俳優なんてねえ、「明日《あす》があると思うな」っていう感じですよ。「『この映画があって、次の映画がある』と思うな」っていう……、いつ、お呼びがかからなくなるか分からない仕事なんですよ。

酒井　なるほど。

唐沢寿明守護霊　だから、「お呼びがかかるだけで、ありがたい」と思わなきゃいけないんです。

そのお呼びがかかるのを待つためにねえ、「忍耐《にんたい》の法」ですよ。本当にねえ、それは「忍耐の法」で、もうせっせと、自分を鍛え続ける。ただただ鍛え続けて、「お呼びがかかるかどうかは、もう相手次第《しだい》」っていうところですのでね。

酒井　『忍耐の法』（幸福の科学出版刊）は、ご存じなのですか。

唐沢寿明守護霊　知ってますよ。

酒井　そうですか。

唐沢寿明守護霊　そらそうですよ。あの「忍《にん》」の一字を見たら、もう、手が震《ふる》えちゃいますよ。

『忍耐の法』
（幸福の科学出版）

酒井　あっ、そうですか。

唐沢寿明守護霊　はい、そのとおりですよ。

酒井　ああ。かなり宗教的な面もお持ちなのですか？

唐沢寿明守護霊　宗教的かどうかは知りませんけど、俳優って忍耐じゃないですか、やっぱり。

酒井　そうですか。

唐沢寿明守護霊　いや、ほかも忍耐だろうけど。

酒井　ええ。

「イン・ザ・ヒーロー」は夢を追い続ける人のための映画

酒井　今日は、「大川総裁が、唐沢さんの映画『イン・ザ・ヒーロー』を観《み》て、涙《なみだ》を流された」ということで……。

唐沢寿明守護霊　いや、それは光栄なことで、まことにありがとうございます。

酒井　すごい迫真《はくしん》の演技によって、感動の映画をつくっていただいて……。

唐沢寿明守護霊　いや、年寄りが頑張《がんば》っているので、泣いたんじゃないですか。

アハハハハハハハ。

酒井　いえいえ。ただ、このパンフレットを見ていると、ご自身も、「演じていたのに感動してしまった」と。

唐沢寿明守護霊　ああ。そらあ、そうだわね。

酒井　今日は、ぜひ、唐沢さんの、本当のプロとしての、赤裸々《せきらら》な部分を見てみたいなと思います。

唐沢寿明守護霊　だから、そういうスターを目指す最低レベルの生活から、今は、主役級の役柄《やくがら》も幾《いく》つか頂いたりしてますので、私、もうこれ以上、何も望んでないんです。

本当に、若いころに比べたら、もう、夢のようなところまで来たのでね。「夢を追い続けて」って言っても、夢以上まで来たので、もうそんなに多くを望んではいないんですけどども。

ただ、スターを目指してる人は、何千も、何万も、毎年、出てくるんでしょうけど、たいていの方は、やっぱり、下積みで終わるか、途中《とちゅう》で転職されるか、やめていかれる。生き残る方は、ほんの一握《ひとにぎ》りですよねえ。

だから、そうだねえ、（今回の映画では）映像を通して、まあ、（俳優の）「教科書」って言葉は、あまりにもトゥーマッチだと思いますけども、なんか、「このくらい知っといたほうがいいよ」っていうところを、自伝風にアレンジしてくれたので、うれしかったですね、その意味ではねえ。

酒井　最後は、ご自身の人生と、かなりオーバーラップしている？

唐沢寿明守護霊　いや、最後は、「ハリウッド映画に出る」っていうところまで行ってる……（笑）。（実際は）行ってないかもしれませんが、付け足しですけどね。

「いつかは有名になって、親を見返してやりたかった」

酒井　唐沢さんは、「ある種の天才かな」と……。

唐沢寿明守護霊　いや、それは、絶対、間違《まちが》いです。それは絶対に間違い。認めません。

酒井　はい。

唐沢寿明守護霊　絶対に認めない。

酒井　何が「天才か」と思ったかというと、もう本当に小さいころから、役者を目指されていたんですよね？

唐沢寿明守護霊　違うのよ、家、放り出されたのよ（笑）。

酒井　いえ、その前から……。

唐沢寿明守護霊　親から蹴《け》り出されたのよ、もう……。「家、出ていけ」っていう……。「もう本当に、頭は悪いし、素行《そこう》は悪いし、やる気はないし、出ていけ」という……。

酒井　唐沢さんの書かれた『ふたり』という本を読んでみると、家を出た理由も、やはり、「夢を目指していた」という……。

唐沢寿明守護霊　いや、勉強が嫌《きら》いだったのかもしれない。

酒井　ただ、「役者になりたかった」と……。

唐沢寿明守護霊　あるいは、殴《なぐ》ったり、蹴ったりしたかっただけかもしれないし……。

酒井　本当にそうですか？

唐沢寿明守護霊　ああ、分からないですけども、親から見て、不良であったことは間違いないでしょうねえ。

だから、あの映画に描かれてるように、「いつかは有名になって、母ちゃんに認めさせたい」みたいな気持ちのところは、ちょっと、オーバーラップするものはありましたねえ。あれは私の役ではなかったですけどね。

だいたい、スターを目指してる人は、そんな人が多いんじゃないですか？　勉強のほうなんかは、みんな、ほどほどでしょうから、途中でやめてるような人が多いでしょうし、「有名になって、いつか、お金も儲《もう》けて、大きな家に住んで、親を見返してやりたい」っていうか、「呼んでみて、『おまえ、出世したもんだなあ』って言わしてやりたい」みたいな気持ちを持ってる方が多いんじゃないかなあ。

スターを目指す人に「知っておいてほしいこと」

酒井　普通《ふつう》の人は、「役者になりたい」という夢を持っていても、あれだけ、十年ぐらい、もう本当に、「鳴かず飛ばず」と言ったら失礼ですが、下積みの人生だったら……。

唐沢寿明守護霊　いやあ、でも、サラリーマンも、だいたいみんな、そんなもんですからね。十年ぐらいの下積みは、当たり前のことですのでね。私らは、だから、正規のルートで……、うーん、そうだねえ、「大卒でサラリーマンになって、出世していく」っていうようなルートがあるわけではないので、「いつ、どんな人に認められるか分からないような状況《じょうきょう》で、いろいろなことを、何でも引き受けてやってる」っていうような状況だったんでねえ。

酒井　唐沢さんの周りにも、同じようにスターを目指した人、役者を目指した人は、おそらく、同じ時期にいたと思うのです。

唐沢寿明守護霊　ええ。

酒井　そのなかで、なぜ、唐沢さんだけが残ったのでしょうか。

唐沢寿明守護霊　いや、この映画は、レクイエム（鎮魂歌《ちんこんか》）の気持ちもあってね。一緒《いっしょ》に夢を目指してたのに、消えていった仲間たちに対するレクイエムもちょっとあって、それと、まだ、歯を食いしばっている人たちに、「まだ諦《あきら》めちゃいけないんだ」っていう応援歌《おうえんか》の部分もあって、やったんですけどね。

「顔も見えない。名前も出ない。スクリーンに名前も顔も出ない役をやってても、まだ夢はあるんだ」って。

私の最初のほうなんて、本当に、死体役で、油にまみれて海に浮《う》いてる役とか、そんなんですからねえ、あなた。今の私からすると想像できないでしょうけど、海に浮かんでる背中ですよ、映ってるのは（会場笑）。「死体が海のなかに流れてるシーンで映った」っちゅう、それだけが、最初のころの登場という、そんなもんですからね。出演料が三千円だからねえ（苦笑）、いや、それを知ってないといけないと思うんですよ。そういうのから、けっこうやるんだっていうことを知らなきゃいけないということですよね。

それと、「命に危険があるようなところからでないと、なかなかやらしてもらえない」っていうのは知っといたほうがいいと思いますねえ。

だから、今、最初から、トレンディな俳優でパッと出たり、そういう女優が出てたりする。十代ぐらいから出る人もいるけど、恵《めぐ》まれた、一万人に一人ぐらいの方しか出ませんけどねえ。「ＡＫＢでトップを取る」とか、「センターを取る」とかいうのは、そんなんでしょうけどね。

そういう人もいらっしゃるけど、そのような人でも、長く続く人と続かない人がたぶん出るし、私みたいに長くやってるうちに、だんだん認められていくような人もいるしね。

いやあ、死体役とか、それから、今回、ほかの人が代わりをやってくれましたけど、実際に女装してやる役とか、やっぱり、やりましたからねえ。スーツを着たら分からないから、女装して、女性の役でやるとか、アクションをやるとか、そんなのもありましたからね。

いや、そんなもんですよ。事実は、みんな知らないだろうけど。いや、けっこう厳しいです。

酒井　そうですね。

唐沢寿明守護霊　真《ま》っ当《とう》な職業ではないので、本当は結婚《けっこん》なんか考えられるような職業じゃないですよ。

だから、スターを目指す方は、いったん諦めたほうがいい。釈迦《しゃか》の出家《しゅっけ》と一緒です。いったんは諦めて、もう、「生きていれば十分」というところからスタートしなきゃ。

酒井　はい。

「夢を諦《あきら》める人」と「諦めない人」の違《ちが》いとは?

酒井　ここで、本論に入っていきたいと思うのですけれども、今回の映画のなかでも、若い役者に対して、「おまえ、夢はあるのか?」というように言いましたよね。

唐沢寿明守護霊　うん。

酒井　「イン・ザ・ヒーロー」という映画は、あのあたりが、やはり、一つのテーマだと思うのです。

唐沢寿明守護霊　うん、うん。

酒井　つまり、「『夢を実現する』、あるいは、『夢を持ち続ける』ということがテーマだ」と、監督《かんとく》さんも言っていましたが、この「夢を諦《あきら》める人と、諦めない人の違《ちが》い」というのは何なのでしょうか。

唐沢寿明守護霊　うーん……。

やっぱり、「職業を通して実現しようとしてるものに、どんな理想を見ているか」っていうところかなあ。

例えば、「仮面《かめん》ライダー」みたいな役っていうのは、そらあ、大人がやる分には、ちょっとつまらない役だろうと思います、思想的にはね。つまらない役だとは思いますよ。

でも、何て言うか、それを見てる子供たちは違う目で見てますわね。そういうスーパーヒーローに憧《あこが》れてるわね。そういう意味で、かっこよければよいほど、彼らの夢は膨《ふく》らんでいくし、見てる人たちの夢にならなきゃね。

いずれ、大人になって、「そんな、スーツアクターをやってる連中っていうのは、大したことのない、社会の底辺の存在だ」っていうことを、この子供たちも知るんだけどね。いずれ知ることになるんだけども、子供のうちは、それが分からないので、やっぱり、映像の上で出てくる、テレビの画面に出てく

「仮面ライダー」に出演した思い出を語る唐沢氏。
（2014年８月25日放送。フジテレビ「SMAP×SMAP」より）

るスーパーヒーローに憧れている人がいる。

例えば、スーツアクターって、最高のものは、〝ゴジラ俳優〟なんかがそうですよね。ゴジラの俳優を何十年もやった人もいますけど、なかは、もう五十度、六十度のゴジラの着ぐるみに、裸《はだか》で入ってやってる。誰《だれ》も知らないね、本当にねえ。あれもそうでしょうけど、でも、夢を与《あた》えてる部分ですよ。

だから、「直接スターになって、自分に返ってくる」っていう感じじゃなくて、（誰も）自分がやってることが分からない。「街を歩いてても誰も気がつかないのに、多くの人たちが、（そのヒーローを）実は知っていて、夢を与えられている」という存在って、何かすごく、「功徳《くどく》」っていうのかなあ、宗教的に言やあ、なんか、そんなようなものって感じません？

そういうところがあるので、どんなつまらない役でも、一瞬《いっしゅん》しか出なくても、それは、何か、「キラッと光るものがあって、人に感動を与えたり、夢を与えたりすることができる」っていうチャンス。ちょい役であっても、あるいは、顔が見えない役であっても、「全国の方に、テレビや映画で観てもらえる」っていうのは、やっぱり素晴《すば》らしいことだと思うんでねえ。与えられた役は、それぞれでしょうけどもねえ。

スーパースターに対しては、憧れがあったり、嫉妬《しっと》もあったりすると思いますけど、でも、いきなりなれるもんじゃ、やっぱり、ないんでねえ。

だから、私は、「才能」って、結果的には言われることもあるんだろうけど、やっぱり、おたく様の教えと一緒で、「努力なくして才能なし」、本当にそう思いますね。そう思ってます。

3 「運命の女神《めがみ》」に選ばれる条件とは

唐沢寿明流・「すべてを肥《こ》やしとする」ための考え方

竹内　唐沢さんは、そのように努力をされてきて、やはり、その努力、下積みの功徳《くどく》が実ったところがあったと思うのです。

唐沢寿明守護霊　うーん、うん、うん。

竹内　その転換点《てんかん》は、ご自身でもおっしゃっているのですけれども、「オーディションになかなか受からなかったときに、ある事務所の社長の方からアドバイスをされて、スタイルをポロシャツスタイルにイメチェンしたら、どんどんオーディションに受かっていった」と。

唐沢寿明守護霊　うーん。

竹内　それで、そのへんから状況《じょうきょう》が変わっていって、そのあと、大阪《おおさか》の舞台《ぶたい》で出会った現場マネージャーの目に留《と》まって、NHKの朝の連続テレビ小説（一九八八年～一九八九年「純《じゅん》ちゃんの応援歌《おうえんか》」）が決まったり、さらに、その次には、女優の浅野《あさの》ゆう子さんが、自分の事務所に引っ張っていってくれたりして、あの大ヒットドラマの「愛という名のもとに」（一九九二年フジテレビ系列）につながっていったわけです。そうした下積みの功徳が、どこかで花咲《さ》く瞬間《しゅんかん》があって、自分のスタイルを変えたところから、どんどん、どんどん、成功につながっていっているように見えるのですけれども。

唐沢寿明守護霊　うーん。

竹内　どうすれば、下積みで築いたものを、そうした成功のほうに持っていって、花開かせることができるのでしょうか。そのエッセンスというのは、どのようなものなのでしょうか。

唐沢寿明守護霊　いやあ、それはねえ、今、簡単に言ってくれたけど……。

竹内　あっ（笑）、すみません。

唐沢寿明守護霊　何せねえ、お金がなくてねえ。もう、「お金がない」っていうことは、そりゃあ、きついことですよ。

だから、「服装が何だ」って言われたってねえ、お金のない人間にとっては、それは馬耳東風《ばじとうふう》そのもので、もう突《つ》き抜《ぬ》けていきますよ。

そういう意味じゃ、「どんな格好」ったって、お金がないものはしょうがないですから。私だって、本当に、「お金をくれ」とか、「服を買ってくれ」とか言われる人とは別れていきましたからね。

スター俳優で、お金がジャラジャラあればねえ、そらいくらでも、女性だって寄ってくるんですけど、金がないから、金をせびるような女性だと、こちらが逃《に》げなきゃいけなくなるようなことも多かったんでね。

いや、仕事を打ち切られたら、それで終わりですからねえ。保障なんか何もないし、アクションをやって、事故で不具《ふぐ》になったら、それまでですからね、本当にねえ。

まあ、分からないけど、人よりも、ちょっと余計に克己心《こっきしん》があって、努力精進《しょうじん》してると、「運命の女神《めがみ》」っていうのは、いろいろなところに、やっぱり隠《かく》れてるもんだなと思う。「誰《だれ》かが見てくれてる」っていうことかなあ。

その「運命の女神」と思ったものにも、騙《だま》されることもあるけどね。「運命の女神」と思ったら、実は、「期待外れで、違《ちが》っていた」っていうのも、まあ、それも経験もしなきゃいけないことではあるんですが、そういうのに遭《あ》うと、詐欺《さぎ》師《し》の役でもやれるようになったりするから、いいんですけどね（笑）。

ただ、私自身は、基本的には、そんなに親の意見も聞かず、周りの意見も、どちらかといえば、聞かないタイプだったのでね。自分の考えが、けっこう、本当は強くて、人の意見を聞かないで、反発するタイプだったので、そんなに手本にされるような人間ではないんですけどね。

その反発する心がどこから出てきてるかは、よく分からなかったんだけど、よーく見れば、「そういうチャンス、機会が与《あた》えられれば、自分ならこうしたい」と思うようなものが、やっぱり、あったのかなあっていう感じはするんです。

だけど、「そのチャンスを今は与えられてない」っていうことへの鬱屈感《うっくつかん》かなあ。そういうもので、突っ張ってた時期はあったのかなあと思いますねえ。

でも、役者という意味では、いろいろなものが肥《こ》やしになるので、それも結果が成功すれば、みんないいことで、結果が成功しなければ、本当の、いわゆる〝プー太郎《たろう》〟ですよね。本当にそう思います。

「不器用で、古いタイプの〝昭和時代の俳優〟ですよ」

竹内　インタビューで、「下積み時代に、スタッフのお手伝いをしながら実際に映画づくりを経験して、逆にそのなかで、現場の方々の人の痛みというものがすごく分かって、俳優として練れた。これが本当に財産だ」というように、おっしゃっていました。

唐沢寿明守護霊　うーん、うん。

竹内　そうした、下積みで培《つちか》う〝悟《さと》り〟というものが、役者にとってどれほど大事かということを、お話しいただいてもよろしいでしょうか。

唐沢寿明守護霊　うーん。今はね、一代ぐらいで、スターとしてパッと出るからねえ。あれは、まあ、一緒《いっしょ》じゃないんだろうとは思うんだけど、（自分は）不器用だったので、本当に不器用だったので、うーん、何だろうねえ。

まあ、「水泳の仕方を教わらずに、海でまず溺《おぼ》れた」っていうあたりから始まったところかなあ。

だから、うーん、そうだねえ、今回の映画にもあったけど、本当に、有名な俳優さんにサインをもらいたいぐらいの気分っていうか、そのくらいの距離《きょり》がありましたから、名前のある方っていうのは。写真が出てる方っていうのは、そのくらい（距離が）ありましたのでね。

まあ、二種類あるからね。サーッとスーパースターで出る方もいるので。今、吉永小百合《よしながさゆり》さんなんかも、六十九歳《さい》にもなられて、まだポスターを貼《は》ってたり、いろんなところに出てこられて賞を取られたりしてる。十代から人気で、長いですよねえ。長い。

それには、それなりの秘訣《ひけつ》がきっとあるんでしょうけどもねえ。「トップスターを続ける」っていうのは、なかなかできることではないので、それには天性のものもあるんだとは思いますが。

私だって、今はちょっと二枚目役に少し顔が〝変形〟してきてるように見えてる。まあ、これはメイクがうまくなったと思うんですが（会場笑）。メイクの方《かた》がね。〝安物〟には安いメイクしかしないけど、値打ちが出てくると、メイクに力を入れるから、よく見えるようになるんです。

だから、「何の変哲《へんてつ》もない」っていうか、「特徴《とくちょう》のない男」って言われてた。まあ、「使い道がない」っていうか、「二枚目なら二枚目として使いようがある」って言われてたんですが。「歌も歌ってみろ」と言われても、歌手だけはごめんっていうか、苦手《にがて》だったので。全然、練習したことがないし、歌手もできないし。

今は、歌って演技もできる人が、だいたいトレンディですよね。なぜか両方できるっていう。（私には）全然無理だったし。まあ、古いタイプなんだかなあ。古くなったんかね。〝昭和時代の俳優〟ですよ。

「運命の女神《めがみ》」がつかんでくれるのは〝百万回に一回〟

竹内　でも、先ほどもお話がありましたけれども、俳優を目指す方は本当にたくさんいます。当会にも「スター養成部」というものがありまして、頑張《がんば》っているのですが、本当に狭《せま》き門です。先ほどおっしゃっていた、「運命の女神《めがみ》をつかんだ人」というのは、本当に稀有《けう》な人なんです。でも、唐沢さんは、それをつかんだ人だと思うんですよ。

唐沢寿明守護霊　つかんだのかなあ。

竹内　十分につかんでいると思います（笑）。

唐沢寿明守護霊　うーん、だから、「〝油《あぶら》の海〟で浮《う》いているうちに、誰かが引き揚《あ》げてくれた」っていう感じかなあ。

竹内　でも、先ほど、ご自身で「かすかに感じた」とおっしゃっていましたので、運命の女神の何をつかんだのですか。

唐沢寿明守護霊　いやあ、なんか歌にもあったけど、「百万に一回」よ。もう、そんな感じよ。運命の女神がつかんでくれるのは。百万に一回ぐらいと思ったほうがいいよ。

トライをして、自分として「いい演技ができたか」と思うのが百万回ぐらいあって、そのうちの一回をつかまえてくれるぐらいの感じかなあ。

酒井　ご自身で、「これがチャンスだ」ということは分かりましたか？

唐沢寿明守護霊　うーん……。鈍《にぶ》くて分からないね。なかなか分からない。逆になるほうが多かったんじゃないかなあ。

酒井　ターニングポイントは、NHKに出たあたりなのでしょうか。

唐沢寿明守護霊　うーん、やっぱり、先輩《せんぱい》の俳優、女優さんたちから目をかけられるあたりでしょうね。やっぱり、誰かの引きがないと、この業界もね。

酒井　そのころ、何か心境の変化があったのですか。

唐沢寿明守護霊　まあ、「一通《ひととお》り〝地獄《じごく》〟はくぐったので、もうよかろうか」と神様が思ったんじゃないかねえ。「もういいだろう、このへんで」って。たぶん、そんな感じかな。プールに飛び込《こ》んで、ズーンと潜《もぐ》ったら、浮いてくるもんね。いずれねえ。

4 「人生の千本ノック」を乗り越《こ》えて磨《みが》かれる

「若い人は体を鍛《きた》えて、厳しい役柄《やくがら》に耐《た》え抜《ぬ》くことが大事」

酒井　先ほどの話に戻《もど》るのですが、諦《あきら》めようとは思わなかったのでしょうか。

唐沢寿明守護霊　だって諦めたって、何もないもの。あと、できることが。

酒井　この道しかない？

唐沢寿明守護霊　まあ、工業高校の中退では、何もできることなんかありませんよ。勤めるところだってないですよ。もうほんと、セブン-イレブンあたりで、夜中の店員をやるぐらいしか、道はないですから。

酒井　ただ、夢破れた人は、あとの人生は、とにかくただ生きていくことだけを選ぶという……。

唐沢寿明守護霊　まあ、あなたがたがお好きかどうかは知らないけど。ブルース・リーの映画に出てきてるけど、やっぱり、何て言うか、その筋肉の筋《すじ》一本一本で、顔の表情みたいに表現してるじゃないですか。ああいうのは「すごいなあ」と思ったし、鍛《きた》え抜《ぬ》くことで、筋肉まで自由に表情がつくれるっていうのかなあ。ああいうのはすごいなあと思った。

まあ、努力すれば可能性は、ある程度はあったんで、ああいうふうなアクション俳優にはなれませんでしたけど。さすがに才能に差はあったと思うけれども。まず若い人としては、そらあ、十代あたりだったら、やっぱり体を鍛えて、厳しい役柄《やくがら》に耐《た》え抜くことが大事ですよねえ。

私もこの歳《とし》で「百人斬《ぎ》り」なんてやらされる。それはけっこう骨の折れることですからねえ。それには体力が要《い》るんですよ。鍛え込む力がなきゃいけないし、鍛えるのに精神力が要ることは要るので、「自分で自分を励《はげ》ます」っていうかねえ、そういうところはありますわねえ。

唐沢寿明が「ハングリー精神」を失わない理由

南無原　先ほども話にありましたが、ＮＨＫの番組オーディションに受かるところが、客観的に見ると大きな分岐《ぶんき》点だったのかなという気がします。

唐沢寿明守護霊　ああ、そうですか。

南無原　それについて、先ほど竹内さんもおっしゃっていたように、「社長のアドバイスを聴《き》いた」という話を聞いております。それまでは素肌《すはだ》に皮ジャンとか、「自分の着たいものを着てオーディションに行く」というスタイルだったのに、「見た目やブランディングは自分のしたいことをしてはいけないんだな。もう言われるがままにしてみよう」と思って、全託《ぜんたく》というか、委《ゆだ》ねるような判断をされたときに、道がどんどん開けたというエピソードがありました。

それまで、唐沢さんは自助努力で走ってこられたのですが、あるとき、「周りの人を信じる」とか、「流れに任せる」とか、そういうおおらかな気持ちや、天に愛されるような瞬間があったのかと感じています。何か、そういうお気持ちがあられたのでしょうか。

唐沢寿明守護霊　うーん……。まあ、親から学んだものは、どちらかというと正反対のものだったと思う。「世の中で、どういうふうな立《た》ち居振《いふ》る舞《ま》いをすれば、出世していけるか」っていうようなことを教わった覚えがないんで。どっちかといえば、私は出ませんでしたけど、「家族狩《が》り」（二〇一四年ＴＢＳ系列ドラマ）の世界みたいなのにやや近いような、荒《あ》れた家庭ではありましたんで。

そういう意味で、今、服装のことを何度も言われるのはちょっとつらいんですけど、まあ、そういう余裕《よゆう》がなかったし、「そういう格好をしたらウケるよ」とか、人に評価されるとか、信用されるとかいう世間《せけん》常識が根本的に欠けてた部分はあったし、それは同時に金銭《きんせん》的な問題でもあったし。

金銭的に余裕があればそういうこともあったけど、金銭的に余裕があってそういう服装とかをしても、それを使える場がなければまったく意味がない。ただの浪費《ろうひ》ですからね。まったくただの浪費なので。

だから、テレビ局が私の部屋へ撮《と》りに来たときも、「あまりにみすぼらしいので放映しなかった」っていうぐらいですから、やっぱり「ハングリー精神」を失ってはいなかったんですけどね。

まあ、多少役柄をもらって、収入が入ることもあるんだけど、「いつ転落して元に戻るか分からない」っていう世界ではあるんですよ。「急に要らなくなることがありえる」っていうことだねえ。

「相手の気持ち」が分かってこそ、よい演技ができる

唐沢寿明守護霊　だから、人間関係と、人がどういうふうにそれを察するか、感じるかっていう〝社会人大学〟みたいなところは、ほんとに教えてくれる方もいらっしゃるし、教えてくれない方もいらっしゃるし、「自分で学ばなきゃいけな

いところ」と、「人が教えてくれるところ」の両方が相呼応《あいこおう》して磨《みが》かれていくところですよね。

まあ、映画にもちょっと描かれていましたね。「周りのいろんな人がやってる仕事や、支えてくれてる人たちがやってる仕事を、よく見とかないと、スターにはなれないんだ」っていうことを、後輩に教えてる部分がありましたけども。照明さんから、舞台の道具をつくってる方から、あと、脇役《わきやく》の方やいろんな方が、どういう準備をしてやっているのか、どんな気持ちでやってるのかという、相手の気持ちだねえ。

怪獣《かいじゅう》と戦ったり、悪のショッカーと戦ったりする正義のヒーローもいるけど、蹴《け》られるほうだって、そらあ、ちょっとは痛いからねえ。蹴られるほうの気持ちも分からなきゃ。蹴るほうと、蹴られるほうの両方が相呼応している面はありますので、蹴られるほうの気持ちが分かってこそ、蹴るほうは、どこまでの演技ができるかっていうところが決まるんでねえ。

蹴られるほうは、「ここを蹴られたら、もはや動けなくなる」っていうような蹴り方をされたら、そらあ、やっぱり、そのあと仕事としては続かないですから。すごく蹴ったように見せながら、相手にそんなに極端《きょくたん》なダメージを与えないように、上手に蹴らなきゃいけませんのでねえ。

そのへんは、いろいろと一つ一つ学んでいかなきゃいけないんで。

まあ、「人生の千本ノック」ですね。人生の千本ノックを受けてるような感じです。「千本ノックぐらいやらないと、ゴロが取れるようにならない」っていうところかなあ。

5　「俳優・唐沢寿明」を自己分析《ぶんせき》する

恵《めぐ》まれない時期にどこまで世間《せけん》を見ているかが大事

酒井　今の話について、もう一つ別の面からお訊《き》きします。本などで若いころの人生の状況《じょうきょう》について読ませていただきますと、トレンディドラマとはまったく逆の人生ではないですか。

唐沢寿明守護霊　だから、無理ですよ。よく使いますよ、私なんかをね。本当ねえ（笑）。

酒井　それなのに、唐沢さんはトレンディドラマでヒットしたわけです。あれが〝役者〟だと思うんですよね。

唐沢寿明守護霊　まあ、それはねえ、たぶん〝逆説〟だよ。逆説なんだと思いますよ。本当に逆説。

酒井　やはり、「政治家のボンボンの役をやってヒットした」というのはすごいことですし、よくこれを演じることができたなと思います。

唐沢寿明守護霊　今は、そんな貧乏人《びんぼうにん》がねえ、（映画「イン・ザ・ヒーロー」の挿入歌《そうにゅうか》に）「千五百円のオトコ」って歌なんかあったけど、〝千五百円で暮らす男〟が社長の役だって演じてますからねえ。

まあ、貧乏くさかったら、社長の役なんかできないじゃないですか。一流企業《きぎょう》の社長の役とかやらされますからねえ。学校を落ちこぼれてんのに、医学部の秀才《しゅうさい》の助教授の役（「白い巨塔《きょとう》」の主人公）とかやらないかんからねえ。それは、やっぱり厳しいですよ。いや、厳しいよ。厳しい。

だけど、恵《めぐ》まれない間に、自分の仕事をやりながらも雑用とか、いろんなアルバイトもしたり、社会勉強もしていくので、そういうときに「どこまで世間《せけん》を見てるか」っていうところは大きい。

「見取り稽古《げいこ》」によって先輩《せんぱい》の演技を〝盗《ぬす》む〟

唐沢寿明守護霊　認められてきてからあとは、勉強の幅《はば》だろうねえ。新しい役柄《やくがら》をもらえるのに、心の準備がないと断るしかないわね。スーツアクターなら、スーツアクターの路線だけで行けるかっていったら、やっぱり、それ以外の勉強をしてなかったら、それ以外には行けない。

やっぱり、夢があって、「違《ちが》った役もやってみたい」っていう気持ちを持っていれば、それを心掛《こころが》けていくよね。

まずは「見る」ところから始まるんだけどね。「見取り稽古《げいこ》」っていうやつから始まる。先輩《せんぱい》で活躍《かつやく》されてる人たちを、テレビや映画やビデオとかで繰《く》り返し観《み》て勉強するところから始まるんですけどね。

まあ、いいところをまねていく。「ここが上手だな」と思うようなところをまねていくところから始まる。これは教えてくれるものじゃないので、〝盗《ぬす》む〟といえば〝盗む〟のかもしれないけど、「ああ、ここがうまいなあ。これは自分にはできない演技だなあ。この演技をまねしたら、自分でもできるかもなあ」と思うようなところだね。こういう〝袋《ふくろ》〟っていうか、〝ストック〟っていうか、〝引き出し〟っていうかな。こういうものをどれくらい持ってるかでしょうねえ。

さわやか系の理由は「正義のヒーローもの」にある？

酒井　はたから見ると、唐沢さんは「さわやか系」なんですよね。ただ、最初、ご自身は「さわやか系ではない」と認識されていたと思うんですが。

唐沢寿明守護霊　〝歌舞伎町《かぶきちょう》系〟だからねえ（笑）。「さわやか」かねえ。まあ、知らん。

酒井　自分の顔は客観的に見ることができないし、自分から出しているものを見ることはできないのですが、「素直《すなお》に周りの意見を聞いた」というところがありますよね。

唐沢寿明守護霊　まあ、スーツアクターだったかもしれないけども、「正義のヒーローもの」をずいぶんやったからね、若いころねえ。だから、それで染《し》み込《こ》んだかもしれないね。そういう感じはちょっと入ったかもしれない。

自分に合う役柄《やくがら》は「硬骨漢《こうこつかん》の正義漢」

酒井　唐沢さんは、社会に対して反骨《はんこつ》精神があったのかもしれませんが、根本的に流れているのは、映画のなかにもあるような正義感を感じます。それを非常に強く感じるのですが、どうなのでしょうか。

唐沢寿明守護霊　まあ、「硬骨漢《こうこつかん》」のところはあったかもねえ。そういうところはあったかもしれないねえ。

だから、今の立場では、確かに「根っからの悪人で、人を計画的に騙《だま》して追い詰《つ》めていくような役」みたいなのは、なかなかやりにくいかもしれない。香川照《かがわてる》之《ゆき》さんなんかは、そんなのもやるからね、平気でねえ。やっぱり、大したもんだなあと思うところはあるよ。人間には〝色〟がつくからね。

（私も）いろんな役柄《やくがら》ができるんだけど、ある程度、「硬骨漢の正義漢」的な役のほうが合ってきてはいるので、そういう役柄に分けられるし、周りもそういうふうになってきてるね。

まあ、それは、「内面から出てる」と言えば出てるのかもしれないし、自分の単純さなのかもしれない。生《き》一本《いっぽん》で、思い込んだら突《つ》っ走ってしまうようなところがあることはあるんで。

だけど、それは、〝無軌道《むきどう》の極道《ごくどう》〟じゃないんだよね。やっぱり、「極道は叩《たた》き潰《つぶ》したい」という気持ちがあるほうではあったので。歌舞伎町住まいをしても、「ここで〝ゴキブリ〟として繁殖《はんしょく》したい」っていう気持ちがあるわけじゃなくて、歌舞伎町の〝ゴキブリ〟をげんこつでぶっ潰したい気持ちは持っていたからね。そのへんの違いはあるわね。

だから、「どちらの側に立ちたいか」っていうところかなあ。

最初のスタートが子供たちに夢を与《あた》えるようなところにあったから、「アクターにとって子供たちに夢を与える役というのは、自分が今、ひどい状況下にあっても、夢を持ってなきゃいけない」っていうか、「心の片隅《かたすみ》に理想を持ってなければ、たとえ、スーツを着てても、外側ににじみ出してくるもんだ」っていうふうな気持ちを持ってた。「それは分かるんだ」っていう。

「悪人が正義の味方の役をして、正義の味方が悪人の役をしてても、合わなくなってくる」っていう感じはあるからねえ。

「お父さんたちにも夢を与《あた》えたい」という気持ちがある

酒井　「役者になりたい」「自分がスターになりたい」と思ったのは、やはり、「イン・ザ・ヒーロー」のように、「子供たちのヒーローになりたかった」というところが原点なんですか？

唐沢寿明守護霊　昔は、「子供たちのヒーローとして夢を与《あた》えたい」っていうところもあったし、今のこの歳《とし》でやってるのは、「お父さんたちにも夢を与えたい」っていう気持ちがちょっとはある（笑）。

酒井　なるほど。

唐沢寿明守護霊　挫折《ざせつ》したお父さんたちや出世しないお父さんたち、転職したり、今、失業したりしてるお父さんたち、まだ、次の道を考えてるお父さんたちにも、「まだまだ戦えるよ」というところを見せたい感じっていうか……。うーん、そういう気持ちかな。

今は、どっちかと言ったら、社会全体が沈《しず》みがちであるのでね。そういうなかで、「自分にできることは何か」っていうのを問い詰めていったら、やっぱり、「まだ自分に与えられたものを、全力でこなしていく」「最善を尽《つ》くし、ベストの上にもベストを尽くしていく」っていうかねえ。

「不可能と思われることを可能にしていくことが人生の夢なんだ。これが、男の夢でも、女の夢でもあるんだ。みんなが最初は『不可能だよ』と言うことに対してチャレンジしていこうとする。ただ、それは、急にやってできることではなくて、積み重ねがあってできることなんだ」という……、まあ、あんたがたの教えに、そっくりでしょう？「縁起《えんぎ》の理法《りほう》」は、「積み重ねていって、それで、やれるようになるんだ」ということだけど、そのとおりだよ。

例えば、映画で言うと、二十五年間、アクション俳優で、下積みをやったればこそ、八・五メートルのところから飛び降りて、不死身《ふじみ》の忍者《にんじゃ》として戦う役が回ってくる。そういうようなもので、「その下積みがあってこそ、できる。自分がやらなかったら、『日本にアクション俳優はいない』と言われる。ここで受けて立たないわけにはいかない。外人のカンフーのヒーローみたいなのが、怖《こわ》がって逃《に》げていったところに乗り出していってこそ、武士道。『大和魂《やまとだましい》、ここにあり』ということだ」っていう、そういうものを、ちょっと背負ってる。

まあ、気負ってるけどね。そういう気持ちがあるし、たぶん、今、それが日本に必要なことなんじゃないか？　それが、今の日本に必要な部分だろう？

「正しさのためには死んでいける」ということが武士道

酒井　武士道に関しては、実際に、ご自身のなかで持たれているものが、何かあるのですか。あの映画（「イン・ザ・ヒーロー」）のなかでは、『武士道』『五輪書《ごりんのしょ》』『葉隠《はがくれ》』などの本がありましたけれども……。

唐沢寿明守護霊　いやあ、そらあ、「一日一生《いちにちいっしょう》」だったよ。ほんとに、そうだね。いつ死ぬか分からない。

だから、親から見放されて生きていて、「アクション俳優をしてるうちに、橋から落ちて死んでも、それまで」というか、「あの野郎《やろう》、死におった」みたいな感じで、終わりになるだろうとは思っていましたけどね。

うーん、何だろうかねえ。まあ、映画で、『武士道』とか『葉隠』とか、いろいろ出てきたとは思いますけども、やっぱり、日本人には、何か見失ってるものがあると思うんだよ。

それは、例えば、「忍者」とか「武士」とかの役を通じて、一部出ることもあるし、「正義のヒーロー」で出ることもあるかもしれないけど、武士道っていうのは、「正しさのためには死んでいける」ということだと思うんだよね。

要するに、「正しいと思い込めるものがある」ということ、それから、「この世の命にとらわれずに、自分の生き方を貫《つらぬ》く」っていうこと。そういうところにあると思うんですが、そういうものに惹《ひ》かれるところは、正直言ってあるし、「今の日本に欠けてるものだなあ」と思うな。

とにかく、日本全体が、「事なかれ」になりかかってるじゃないですか。「事なかれ、事なかれ」になって、「人に批判を受けないように、波風が立たないように……」みたいな、まあ、それは、日本の村社会の伝統の一つだとは思うんだけど、そういう村社会の伝統だけではないと思うんだよな。もう一つ、「武士道の伝統」があったことはあったのであって、やっぱり、それは、ちょっと違う面だよね。

桜がきれいだからって、一年中、咲《さ》いとればいいってもんじゃない。桜は、一週間ぐらいしか咲かないものだけど、散っていくからこそ、美しいところがあるわなあ。あれが、一年中咲いてたら、「美しい」とは感じないかもしれないな。散っていくところも美しいし、疏水《そすい》の波の上を流れていく姿も美しいわなあ。

やっぱり、「散る美しさ」みたいなものも感じるけど、このへんは、「無常観《むじょうかん》」と「この世を超《こ》えた世界の存在への確信」みたいなものかなあ。そういう人生観の問題かな。

6　妻・山口智子《やまぐちともこ》について語るのはタブー？

「役者であれば、私生活も演技のうち」

南無原　もう少し違《ちが》った角度で、お伺《うかが》いしてみたいと思うのですけれども、以前、唐沢さんは、「あなたにとっての宝物は？」と訊《き》かれたときに、「山口智子《やまぐちともこ》」というように答えられたと聞いています。

唐沢寿明守護霊　（苦笑）そらあ、勘弁《かんべん》……。それは勘弁してください。

南無原　日本中が、「賞賛の嵐《あらし》」というか。

唐沢寿明守護霊　それ……、それは勘弁だなあ。

南無原　唐沢さんと山口智子さんというと、理想の夫婦《ふうふ》というか、「ずっとずっと仲よし」というところが有名で……。

唐沢寿明守護霊　いやあ……。

南無原　普通《ふつう》、芸能界でそういうことは、なかなか難しいのかなと思うのですけれども、「山口智子さんの支え」というのはあったのでしょうか。また、唐沢さん自身の夫婦観、家族観のようなものがあったら、お聞きしたいなと。

唐沢寿明守護霊　いやあ、そらあ……。

南無原　おそらく、全国のみなさんが、聞きたいと思います。

唐沢寿明守護霊　それは、かなりタブーに踏《ふ》み込《こ》んできてますね。

南無原　（笑）

唐沢寿明守護霊　やっぱり、役者っていうのは、私生活も演技のうちに入ってますからねえ。つまり、役者には、公私《こうし》の「私《し》」はないんですよ。私生活も「公《こう》」なんです。あなたがたも、そうかもしれないけど、私生活のところも暴《あば》かれるが、暴かれるのも想定のうちなんですよ。

私生活も公であって、役者には、「本当の私《し》のなかの私《し》」っていうのはないんです。

そらあ、ずっと有名でない下《した》っ端《ぱ》ならともかく、テレビのスクリーンに映ったら、「十パーの視聴率《しちょうりつ》であっても、一千万人は観《み》ている」とか言われたり、映画をやっても、何十万人、何百万人と観てくれる。それだけの人に観られてるということは、公人《こうじん》ですよね。

だから、学歴もなければ、職歴も大したことがない人であっても、「スクリーンに映って、いちおう、大勢の人に影響を与《あた》えている」っていう意味では、公人なわけなので、当然、その私生活も見られてるし、見られてもしかたがないところはあるわね。

そういう意味で、私生活であっても、演技の部分が、完全にないとは言えない。言い切れない。

やっぱり、「みなさんの理想像を壊《こわ》してはいけない」と思う面はあるから、あなたがたが見ているのが、「実物大の私たち」であるかどうかは分からない。それは、分からない。

それについては、誰《だれ》も語れない（笑）（会場笑）。〝スーツを着ている〟かもしれない。

「山口智子《やまぐちともこ》を助けたエピソード」を、照れ隠《かく》しに語る

南無原　堺雅人《さかいまさと》さんも、菅野美穂《かんのみほ》さんとご結婚《けっこん》されてから、非常に運気が上がったように見える面もあるかと思うのですが、唐沢さんも、当時、大スターであった山口智子《やまぐちともこ》さんとご結婚されてから、運気が上がられたような気も少し……。ご自身の努力もさることながら、そういうところもあるのかなと思ったのですが。

唐沢寿明守護霊　あんまり、〝いい出方〟ではなかったんですけどね。あんまり、かっこいい出方ではない出方で、知られたんですけどね。

南無原　「山口さんが暴漢に襲《おそ》われたときに、唐沢さんが助けた」というのは、かなり、センセーショナルなニュースでした。

唐沢寿明守護霊　いや、「暴漢から助けた」っていったって、私は、その晩、泊《と》まってて……。

家のなかにいたから、向こうのほうがショックで、「まさか、家に男がいたと

『堺雅人の守護霊が語る 誰も知らない「人気絶頂男の秘密」』
（幸福の科学出版）

『魅せる技術―女優・菅野美穂 守護霊メッセージ―』
（幸福の科学出版）

は」って思ったでしょうねえ。

それに、こちらは「正義のヒーロー」をやってるからねえ。空手《からて》から一通りやれますので、いちおう、ポーズしてやったら、向こうもびっくりするよね。

相手のほうが予想外で、「女一人だ」と思って襲いに来たところ、「男がいた」っていう……。さらに、こちらは、格闘技《かくとうぎ》系の〝あれ〟ができるっていうことで、やっぱり、あちらもびっくりするわね。

まあ、まことに〝申し訳ない〟ことをした。ゆっくりと、思う存分、〝志《こころざし》を果たさせて〟やればよかったかなあと思うんだけど、なぜか、私がいてしまったので……。

まあ、ちょっと恥《は》ずかしいデビューになった。「なぜ、いたのか」っていうところが、ちょっと、まあ……、ハッハッハ。

南無原　（笑）

唐沢寿明守護霊　ちょっと恥ずかしいデビューにはなったんですけども……。いやあ、参ったなあ……。

いや、ハッハッハッハッ。もう勘弁してよお。そういう場合は、〝おあいこ〟じゃなきゃ駄目《だめ》なんだよ？「自分のこともしゃべって、お互《たが》いにしゃべる」とか、「酒が入る」とか何かじゃないと、それはきついよ。

唐沢寿明にとって、妻の存在は「発奮《はっぷん》材料」

竹内　「妻の力」というものがあると思うのですけれども、役者にとっては、やはり、「内助《ないじょ》の功《こう》」が……。

唐沢寿明守護霊　ああ、あなたの話ですね、そりゃあねえ。

竹内　いやいや（笑）。

唐沢寿明守護霊　ああ、なるほど。分かりました。

竹内　やはり、唐沢さんの演技力のアップにも、「妻の力」があったのではないかなと……。

唐沢寿明守護霊　うーん……。ハッハッハッハッハ。それを言われると、何とも言えないねえ。「妻の力で演技力がアップした」って言われると……。

竹内　いや、そこまでは言わないですけれども……（笑）。

唐沢寿明守護霊　やっぱり、男としては、ちょっと困る面があることはあるんですけど、まあ、「発奮材料《はっぷん》」にはなりますわね。

親から認められなかった息子《むすこ》としては、「嫁《よめ》さんに認めてもらう」っていうあたりが、次の、手近な目標にはなるからねえ。

そういう、身近な女性が評価してくれれば、世間《せけん》がさんざんな悪評でも、「まあ、何とかやっていける」っていう、映画の「ロッキー」の世界そのものだよなあ。

映画「ロッキー」では、美人でない奥《おく》さん……、まあ、役をしてた方は、本当は美人かもしれないけどね。そういう奥さんに認めてもらって、ロッキーが闘《たたか》ってるのがあるけど、あんな感じかな。「誰か、認めてくれてる人がいたら、そのために戦える」みたいな感じかなあ。そういうところはあるので……。

うーん、妻のところを言われるのは、ちょっとつらいことはつらいんですが……。

そうですねえ。華《はな》やかなトレンディ系といわれたり、まあ、華やかな部分も少しはあったりするけど、華やかなように見えて、私には、一歩、引いてる部分があると思うんですよ。やっぱり、地味な部分は必ず持ってると思うんですね。

そういう、華やかな役をしてるように見えても、そうでない部分、要するに、「実際上、そこまでできない」っていうか、そのへんの〝渋《しぶ》み〟みたいなもんかなあ。そういうのを持ってると思うので。まあ、そのへんで、いろいろな人と、浮名《うきな》を流してやれるようなタイプではない。

もちろん、妻が初めて知り合った女性っていうわけでもないけど（笑）、歌舞《かぶ》伎町《きちょう》時代のいろいろな〝コタコタ〟はありますけれどもね。

まあ、今、いろいろな人の顔が思い浮かびますが、「『今の唐沢だったら、結婚してもよかったかな』とか思ってくれてるのかなあ」と思うところはあるけど、その当時は、どうせ、「可能性のない男だ」と思ってただろうなあとは思うので、簡単に切れてしまう相手は、たくさんいました。

いやあ、そこはつらいなあ。あんまり言われると……。うーん、参ったなあ。

最初からトップスターである人に密《ひそ》かな競争心を持っている

酒井　では、質問を変えて……。

唐沢寿明守護霊　うん。

酒井　お二人は、「ＮＨＫの朝の連続テレビ小説（「純《じゅん》ちゃんの応援歌《おうえんか》」）に出たあとから、付き合い始められた」とのことなのですが、「役者になっていく夢」と「山口さんとのお付き合いや結婚」との両立……。

唐沢寿明守護霊　だけど、こだわるねえ。

酒井　（笑）（会場笑）

唐沢寿明守護霊　すごくこだわってくる。「別な話になるんだ」と思ったら……

（会場笑）。

酒井　（笑）いやいや。

唐沢寿明守護霊　いちばんこだわってるじゃないですか。

酒井　角度を変えただけです（笑）（会場笑）。

唐沢寿明守護霊　当然、「別な話になるのかな」と思ったら……。

酒井　いやいや（笑）。

最初のころのドラマで、「結婚と仕事の両立ができなくて別れていった」というトレンディドラマがありましたよね？

唐沢寿明守護霊　うーん。

酒井　「愛という名のもとに」でしたか。

唐沢寿明守護霊　うん、うん。

酒井　それと照らし合わせてみると、ちょうどあの時期、唐沢さんは、役者で一流を目指していたと思うのですが……。

唐沢寿明守護霊　うーん。

酒井　それと、女性とのお付き合いや結婚、こういったものが両立できたのか。その二人を見ると……。

唐沢寿明守護霊　それは、もうちょっと二枚目の俳優に訊いてくれたほうがいいな。

酒井　「最初のころに付き合っていた人とは、役者の夢を追うために分かれた」というように書いてありましたよね？

唐沢寿明守護霊　うーん……。

酒井　では、唐沢さんにとっての「結婚の条件」とは何ですか。

唐沢寿明守護霊　うーん、だから、まあ、家内《かない》にねえ、私と結婚したことについて、「キムタクと結婚するよりよかったと言わせてみたい」というような気持ちは、ちょっとあるかなあ。「あのくらいのレベルの人と結婚するよりよかったと言わせてみたい」っていう気持ちは、密《ひそ》かに持っていたかもしれないねえ。心の底ではね。

だけど、実際の自分は、もっともっと下《した》っ端《ぱ》から行ってるから、氏素性《うじすじょう》、悪いわけよ。ねえ？　向こうは、最初からトップスターで出てるけどね。

ただ、今は、役者として見てたら、（自分も）キムタクあたりと交互《こうご》に使われるぐらいの役柄《やくがら》で、よく出ますからねえ。ランキング的には、よくは知らないけども、おそらく……、まあ、年上には名優もたくさんいるから、その人たちは一緒《いっしょ》にしちゃいけないとは思うんだが、同年輩《どうねんぱい》っていうかね。

「だいたい、四十から五十前後の年代で、主役を張れる人」っていうことで見れば、うーん、

『俳優・木村拓哉の守護霊トーク「俺《オレ》が時代《トレンド》を創る理由《わけ》」』
（幸福の科学出版）

十人ぐらいかなあとは思うんですけどね。

そういう、最初からトップスターみたいな感じで出た人に対しては、やっぱり、密かな競争心は持ってるよ。

唐沢寿明守護霊が語る「自分の人生の評価」とは

酒井　今、振《ふ》り返ってみて、山口智子さんに対して……。
唐沢寿明守護霊　君、しつこいねえ。ほんとに。
酒井　（笑）（会場笑）すみませんね。「キムタクと結婚するよりもよかった」と思いますか。

唐沢寿明守護霊　うん。言わせたい！

酒井　（笑）ご本人は、どう思っていますか。

唐沢寿明守護霊　そらあ、人生が終わってみないと分かんないじゃない。キムタクは、僕《ぼく》より若いよね。

酒井　はい。

唐沢寿明守護霊　十歳《さい》ぐらい若いんじゃないか？　十もないかなあ。十は行ってないかもしらんけど、（木村拓哉《きむらたくや》は）四十ちょいだよな？　僕が五十行ってるから。

まあ、人生、終わってみないと分からないんでね。老後に職がなくて、老人ホームの用務員か何かしか仕事がない可能性もあるし、そらあ、向こうは、まだスターをやってるっていうこともありえるから、まだ分からないけど……。

彼は、「最初から、ジャニーズとして出て、SMAP《スマップ》のメンバーで、トップスター」っていうような感じで、ずっと来てる。そういうふうに、二十年も、三十年もやってる人たちと比べたら、下積みから上がった人は、ちょっと別ルートですけどね。

「ショッカー」のときから比べれば、今は千倍ぐらい〝昇格《しょうかく》〟したはず

唐沢寿明守護霊　うーん、だから、政治家で言えば、何だろうかねえ。まあ、「二代目、三代目の政治家」や、あるいは、「官僚《かんりょう》出身のエリート政治家」と違っ

た、「叩《たた》き上げ型の党人《とうじん》政治家」というほうに分類される人間だろうと思う。

やっぱり、人生終わってみての評価もあるから分からないけど、ただ、自分としては、そんなに多くは望んではいないので、渡辺謙《わたなべけん》みたいに、「ハリウッドで活躍《かつやく》したい」とまで思っているわけではないんですけどね。それほどは思ってない。

もう十分な成功で、「ショッカー」からここまで来たら、いいほうだと思う。そうとうな飛躍なので、これは百倍以上でしょう。

もう、もっと行ってるでしょうね。たぶん、千倍ぐらい〝昇格《しょうかく》〟したと思うので、けっこうありがたいことです。

7　芸能界を目指す若者たちへのアドバイス

オーディションを受ける際の心構えとは

竹内　スターを目指している方々へのアドバイスとしまして、唐沢さんに、お話を伺《うかが》いたいのですが。

唐沢寿明守護霊　うん、うん。

竹内　スター、あるいは、俳優、女優を目指してる方々の最初の関門は、やはり、「オーディションに受かる」ということだと思います。ここに受からないかぎり、道は開かれないと思うのです。

唐沢寿明守護霊　ああ、なるほどねえ。

竹内　唐沢さんも、やはり、苦労してやっとオーディションに受かって、俳優の道を勝ち取ったと思うのですが、オーディションを受ける若い子たちが持つべき心構えや、オーディションで自分の本当の強みを発揮するコツのようなものがありましたら、お教えいただけますでしょうか。

唐沢寿明守護霊　ああ、やっぱり、そら、関門は関門だね。でも、就職試験と一緒《いっしょ》だから。みんなも、会社の就職試験を受けるんだろうからね。そのときに、「どの会社に受かって落ちて、受かって落ちて」って、いろいろしてると思うんだけど、オーディションも、最終選考に迫《せま》ってくると、(ほかの人の)顔が見えてくるからねえ。

ライバルとして並んでる人の顔が見えてくるので、彼らの演技とか歌だとか、いろんなものを見るようになるけど、「ある人が選ばれて、ほかの人が落ちていく」っていうのを何度か見ていくうちに、「人が何を選んでいるのか。自分のどこが駄目《だめ》なのか」っていうのを、いちいち反省する機会はあるんでね。

それで、まあ、受かっていく人に対しては、やっぱり、うらやましい。

だから、大学に合格するようなものと一緒だと思うんだよなあ。一流校に受かるようなものと一緒なんだと思う。

だけど、受かっていく人に露骨《ろこつ》に嫉妬《しっと》して、「えこひいきをやった」とかいうふうに思うんじゃなくて、何て言うか、やっぱり、「優《すぐ》れた資質を持っているから選ばれたんだろう」というふうに思って、なるべく相手の美点を見るように努力をすることだ。

そして、自分に対しては、落ちた場合、「なぜ落ちたんだろうか」っていうところの弱点の部分を見つけて、もし克服《こくふく》できるものであれば、克服すべく努力をし、どうしても克服できないものであるならば、まあ、しかたがないですから、「〝運命の女神《めがみ》〟が自分に合った役柄《やくがら》を見つけてくれるまで、自分なりに教養を磨《みが》き、体を鍛《きた》えて努力をし続ける」っていうことかな。

どんな役が来てもいいように勉強しておく必要がある

唐沢寿明守護霊　まあ、今の私なんかは、ほとんど、若手のオーディションを受けるような感じじゃないけど、今はどんな役が突如《とつじょ》回ってくるか分からないので、どんな役が回ってきても、それをこなせるような勉強を、いろいろやっておく必要がある。

本を読むこともあれば……、まあ、映画（「イン・ザ・ヒーロー」）でも、武士道を学ぶために武士道系の本を読んでるようなカットもあったけども、やっぱり、すでにいろいろと主演をやられた方々の作品とかも勉強したり、あるいは、自分がもっと出世して、認められるようになったとき、どんな役が来てもいいように、そういう役をすでにやってるような方、かつてもやられたような方の演技とかを観《み》たりするのも勉強なんでねえ。

主役になれなかったときの心の練り方

唐沢寿明守護霊　若い人たちは、自己主張して、自分流のやり方とか、いろんなことを口では言いたいと思う。

今回の映画では、「一《いち》ノ瀬《せ》くん」っていう役柄が、そういう突《つ》っ張《ぱ》ってる若い二枚目俳優で、私は娘《むすめ》に頼《たの》まれて、色紙にサインしてもらうような二枚目の役でしたけども、ああいうふうな人は、いっぱい出てくるんですよ。この業界にいたら、若くて、彗星《すいせい》みたいにスーッと出てくる人が、いっぱいいるんです。

だけど、何て言うかなあ、「嫉妬心」は出てくるけど、やっぱり、「平静心《へいせいしん》」は忘れてはいけないんであって、自分より若い人が主役になって、自分のほうが脇《わき》役《やく》とか下《した》っ端《ぱ》の役とかに回されたとしても、仕事をくれるのは、ありがたいことであるのでね。

やっぱり、「この主役が引き立って、いい演技ができて、ドラマとして、あるいは映画として成功する。全体としては成功する」というつもりで、道具係さんとか、そういう（裏方の）方々とかも一生懸命《いっしょうけんめい》にやってるし、脚本家《きゃくほんか》も頑張《がんば》ってるし、監督《かんとく》も頑張ってるし、みんなが頑張ってるので、俳優だって、そうした人たちと同じだから。下っ端の俳優も同じなので、そういう役が回ってきたときには、「どうやったら主役はいい演技ができるかを考え、主役を助け、アシストする」っていう気持ちかなあ。それは大事なので。

オーディションで勝ったり負けたりすることもあるし、何か一つのドラマに出たときに、役柄はいろいろありますから、自分が主役じゃない役になることもあると思うけども、あまりにも嫉妬心やライバル心が強すぎると、そういうときに、「相手を立ててでも、うまくやっていける気持ち、おおらかな気持ち」がつくれないのでね。

だから、自己卑下《じこひげ》する必要はないと思う。自己卑下する必要はないけども、やっぱり、打たれ強くないといけないと思う。「オーディションに落ちても、めげない強さ」が大事なんじゃないかな。まあ、選んでくれるかどうかは、本当、向こう様の評価なので。

今回の映画では、私は、（劇中劇の）主役の方が、あまりの怖《こわ》さに逃《に》げるっていうか、「ノーワイヤー、ノーCGで、八・五メートルから飛び降りて、炎《ほのお》に包まれながら百人の忍者《にんじゃ》と戦う」なんていうことに対して、トップ俳優が逃げるっていうときに、「代役で出てこれるのは、こいつしかいない」という役柄だったよね。だから、もう本当に、「百万に一回、あるかないかのチャンスのときに、『私ができます』と言える自分をつくっておく」っていうことが大事なんであって、選ぶのは、向こう側ではあるのでね。そういうことだね。だから、そのへんの「心境を練《ね》る」っていうことが大事なことなんじゃないかなあ。

竹内　ありがとうございます。

もし「幸福の科学・スター養成部」のプロデューサーだったら

竹内　幸福の科学にも、「スター養成部」というものがあり、そこでスターを目指して養成しているのですけども、やはり、「他にない強み」、つまり、「差別化」が、芸能界で成功する一つのポイントだと思っています。

唐沢寿明守護霊　うん。

竹内　「スター養成部」の強みは、ある意味、「幸福の科学で養成している」ということが、他との違《ちが》いであり、強みであると思うのです。

そうした意味では、「幸福の科学の強み」「教えの強み」と言えるかもしれないのですが、この強みを生かしたスターを出すために、もし唐沢さんがプロデューサーだったら、どういう点を売り出すか、アドバイスを頂けるとありがたいです。

唐沢寿明守護霊　まあ、教団も、かなり大きくなっておられるんだろうと思うし、これから、ますます大きくご発展なされるんだろうと思うので、私からは、逆の意味でアドバイスしておきたい。

だから、教団が大きくなって、「信者のみなさんだけ見てくだされば、十分にスターとして成立する」っていうレベルまで教団に力があると、「ハングリー精神」が失われる面もあるんで、スターを目指す方々には、「教団の力で自分らが食べていけるような、職を食《は》むかたちの、禄《ろく》を食むかたちの人間を目指しちゃいけない」と言っておきたいね。

「自分らがスーパースターになって、教団に追い風を吹《ふ》かせるんだ。教団の宣伝にもなって、教団に力を与《あた》える、あるいは、新しいファンを引き寄せるんだ」っていう気《き》概《がい》を持ってもらわないといけないんじゃないかなあ。

芸能界は実力がなければ生き残れない世界

唐沢寿明守護霊　だから、「自分は宗教に入ってて、信者がついてるから食いっぱぐれがない」みたいな感じで〝安全パイ〟と思って、スターになろうと思うような人ばっかりになったら、やっぱり駄目で、そうなると、演技の質は絶対に落ちてくる。

今、ちょっと、創価学会《そうかがっかい》系が、そういう心配をされているところだね。つてで引っ張ってくれて出演ができる。実力がなくてもコネ出演でちょっと出て、まあ、よくよく出してもらってるけど、「いつまで続くかは分からない」っていうところはあると思うよ。ここは、最後には実力がなければ生き残れない世界なので。

まあ、（信者が）視聴率《しちょうりつ》が上がるように努力したり、いろいろしたりしてるみたいだから。（信者である俳優が）舞台《ぶたい》に出たりしたら、動員をかけてチケットを買ってくれたりもして満員になるから、みんなも、「おお、すごいな。人気があるんだな」と思っちゃうし、やってる本人も、そういうふうな気持ちになることがあるんだけど、教団の力でそういうふうになっているんだったら、やっぱり、ほかの役者とのハンディがあるわけだからね。

だから、そのへんの、「演技の質が低いにもかかわらず、人気があるように見えている」っていうところには嘘《うそ》がある。もしそうだったらね。

だから、そのへんのところについては、何て言うか、やっぱり、もうちょっと、「自分の力で世界的俳優になって、むしろ、幸福の科学の宣伝をしてあげる」ぐらいの志《こころざし》を持たないといけない。「教団のおこぼれで食っていこう」なんていう気持ちのさもしいやつに対しては、「ちょっと、歌舞伎町《かぶきちょう》でくさい飯《めし》でも食ってこい」っていう気持ちはあるね（会場笑）。

竹内　貴重なご指導を賜《たまわ》り、ありがとうございます。

唐沢寿明守護霊　うん、うん。

唐沢流・「キラリと光る人材」を見抜《みぬ》くポイントとは

南無原　もう少しだけ、どうしてもお訊《き》きしたいことがあるのですが、唐沢さんは、ご自身の事務所に、菅野美穂《かんのみほ》さんや天海祐希《あまみゆうき》さんなどを引っ張ってこられたりしていて、俳優としてだけではなく、すごい〝目利《めき》き〟といいますか、非常にいい人材を引っ張ってくるセンス、〝アンテナ〟があるのではないかと思っています。

その意味では、経営感覚などもお持ちのように感じるのですが、唐沢さんが「いいな」と思う人のポイントを一言《ひとこと》で言うとすれば、何かありますでしょうか。

唐沢寿明守護霊　いやあ、厳しいなあ……。厳しい質問が続くねえ。
ああ……。やっぱり、業界にも、「公式発言」と「非公式発言」があるので（笑）。言っていい場合と、悪い場合はあるので。
うーん……。「経営者的な視点のところで、人をどう選んでいるか」を訊かれると、ちょっと、これは、〝業界秘密〟に触《ふ》れる部分ではあるから、若干《じゃっかん》厳しいなあ……。

南無原　何か、「キラリと光る人材」を見つけるポイントや、感じる点などはありますでしょうか。

唐沢寿明守護霊　ああ、それは、もうね、簡単に言おうか。まあ、難しいことを言ったら、ちょっと〝あれ〟だから。嘘が出たり、見栄《みえ》になっちゃったりしたらいけないから、簡単に言うわ。

やっぱり、「礼儀《れいぎ》正しいこと」「挨拶《あいさつ》がきっちりできて、礼儀正しいこと」「時間に正確であること」、それから、やっぱり、「終わったあとまで心が残っていること」。まあ、剣道《けんどう》で言う「残心《ざんしん》」ってやつですが、自分が演技し終わったあと、自分が、「これは終わった」ってなったあとに、ほかの人の全体の成功を思う気持ちみたいなのが残っていること。こういうところがポイントだね。

だから、礼儀正しくない人間は、私は、基本的には駄目で、まあ、俳優としては、役柄はどんな役もあるし、いろんな役があるから、そのときは、別に礼儀正しくなくてもいいんだけどね。暴《あば》れん坊《ぼう》の役だって、ヤクザの役だってありますから。それは、いろんな悪役も必要ですし、暴れん坊みたいな怖い顔の人も、それなりに流行《はや》ってますから、大事なんですけども、やっぱり、（普段《ふだん》が）礼儀正しくない人、特に若い人の場合は、基本的には成長しないと見ていいと思います。

これは「絶対条件」です。

礼儀正しくないことと、それから、自分の身の回りのことに対して、人に迷惑《めいわく》をかけすぎるようなタイプの人は、基本的には駄目だと思います。やっぱり、自分のことは自分でやっていく。で、どちらかといえば、人のお世話のほうに目配りがいくぐらいの人かね。それが大事だと思う。

映画「イン・ザ・ヒーロー」で特に伝えたかったこと

唐沢寿明守護霊　あとは、これはまた、礼儀正しさに続くことだけど、何かが終わったあと、あるいは、ほめられたり、仕事が終わったりしたあとの「感謝の気持ち」。そういう心は大事だし。
それから、まあ、今回の映画にもあったけど、「自分の役だけに徹《てっ》したらいい」

っていうわけじゃなくて、「自分の役がほかの人の役柄を引き立てて、全体を成功させている」という意味での、「チームプレーとして、その映画なりドラマなりを全体的に成功させたかどうか」というところが大きくて、「自分だけが光って、突出していたように見えていたけど、映画として、ドラマとしてはぶち壊《こわ》し」というんだったら、これは駄目なので。まあ、そうしたチームプレーができる役割も、やっぱり大事だ。

この映画では、それも言いたかった。特に言いたかった。

「リアクションがあってアクションがあるんだ」っていうことを繰《く》り返し言ったんですけど、やっぱり受け手があって、攻撃《こうげき》する側のほうも成り立つんでね。

映画でも、「殺陣《たて》を教えてください」と言われて、「殺陣は、受けだけでも三年はかかるんだ」って言ってたと思うけども、本当に、受けるだけでも三年はかかるぐらいの難しさなんで、ちょい役でスッときて、ちょっときて、すぐに主役が取れるような仕事じゃないんだっていうことを、やっぱり、知らなきゃいけない。

そういう、立場が変わっても役ができるようなセンスは要《い》るわね。

そういう意味で、全体を通して言うと、「礼儀正しさ」「正確さ」、それから、やっぱり、「人間として感謝の心を持って、チームワークがつくれるような人柄であること」、こういうところが条件で、それ以外では、確かに、初めての人が見た感じでの、美人であるとか、かわいらしいとか、清楚《せいそ》だとか、キュートだとか、いろんな意見はあるだろうと思うけど、あと何かチャーミングポイントがあれば、それはいいことでしょうね。

8　唐沢寿明の「過去世《かこぜ》」とは？

「芸能関係の指導霊《しどうれい》とは交際範囲《はんい》が広い」

竹内　ここに守護霊として来られる芸能界の方々に伺《うかが》ってはいるのですが、やはり、みなさんはこの世の努力と同時に、「あの世の力」も使って成功されている話をよく伺うのです。

唐沢寿明守護霊　うん、うん。

竹内　木村拓哉《きむらたくや》さんは老荘《ろうそう》思想系の力を引いたり、堺雅人《さかいまさと》さんは塚原卜伝《つかはらぼくでん》の……

●老荘思想　道教の始祖・老子の思想（無為自然）と、それを受け継いだ荘子の思想（道に遊ぶ）をあわせた思想。一種のゆとりの哲学。

（『俳優・木村拓哉の守護霊トーク「俺《オレ》が時代《トレンド》を創る理由《わけ》」』『堺雅人の守護霊が語る　誰も知らない「人気絶頂男の秘密」』〔共に幸福の科学出版刊〕参照）。

唐沢寿明守護霊　老荘思想系の？　そう見えないねえ。

竹内　あっ、そうですか（笑）。

唐沢寿明守護霊　見えないよ。老荘思想には見えないね。

竹内　でも、ご自身でおっしゃっていたのです。

唐沢寿明守護霊　老荘ですか。

竹内　はい。

唐沢寿明守護霊　そうですかねえ。

竹内　唐沢さんは、どのような霊界《れいかい》の方のご指導を受けながら、演技や俳優としての仕事をされているのでしょうか。

唐沢寿明守護霊　それは仕事によって、あなたがたが言ってる「指導霊《しどうれい》」が変わりますね。役柄《やくがら》に合った指導霊がついてくるので、一種類じゃない。いろいろなところとの交際があります。

だから、いろいろな役柄ができる。武士の世界を描くならば、武士の経験があるような方が指導霊で来てくださいますし、違《ちが》う役なら違う役ですね。

そういう感じなので、私はわりあい、いろいろと交際範囲《はんい》は広いのです。一種類とは見えない。

俳優を続けるためには「根気《こんき》」が必要

酒井　唐沢さんの今の守護霊様ご自身は、何時代の方ですか。

唐沢寿明守護霊　私？

酒井　はい。

唐沢寿明守護霊　うーん。身元調査ね？

酒井　はい（笑）。

唐沢寿明守護霊　うーん。俳優の身元調査か。

酒井　守護霊様の身元調査です。

唐沢寿明守護霊　えっ？　ああ、そうか。

酒井　はい。

唐沢寿明守護霊　守護霊の身元調査……。

まあ、これは実際上、〝ホラの吹《ふ》き放題〟だから何とでも言えるんだけどね。

だけど、俳優っていう職業はね、〝偉《えら》い人〟の役を演じる立場ではあるんだけど、自分自身は偉い人ではないんだよ。自分自身は偉い人じゃないけど、偉い人の役割だからねえ。織田信長《おだのぶなが》や豊臣秀吉《とよとみひでよし》、前田利家《まえだとしいえ》とかの役を演じなきゃいけない。

この世的に見て、今で言やあ、もう総理大臣か大臣クラスの役柄でしょうけど、実際上の本人がそんな偉いかっていったら、偉くはない。だけど、演じなきゃいけない。そういう立場の人だからね。

だから、「自分自身が偉い」っていうことはない。基本的にはなくて、どっちかといったら、俳優に似つかわしい人は、「来る日も来る日も、魚を獲《と》り続ける漁師《りょうし》」みたいな、そんな役割なんだね。根気でね。

「私は“大阪城《おおさかじょう》の石垣《いしがき》を積む人”」

酒井　時代はいつですか。

唐沢寿明守護霊　ええ？

酒井　守護霊様が生まれた国は日本ですか。

唐沢寿明守護霊　まあ、そうだな。

酒井　時代はいつごろですか。

唐沢寿明守護霊　さあ、どうだろうねえ。まあ、昔の〝下積み〟といったらすごいでしょうね。古い時代の〝下積み役〟といったら、どこまで〝落ちる〟かですねえ（笑）。

酒井　それは何年ぐらい前の時代ですか。

唐沢寿明守護霊　いやあ……。

酒井　戦国時代とか、江戸《えど》時代とかですか。

唐沢寿明守護霊　だから、前田利家を演じたから、「前田利家だった」っていうことは、基本的にはないわけであってね。

酒井　はい。ただ、時代ぐらいは教えてください。

唐沢寿明守護霊　うーん……。「こういうふうに答えたら、たぶん喜ばれるだろうな」と思う答えは幾《いく》つかあるんだけど……。

いやあ、もう本当に〝時代の底辺〟を支えてたんですよ。

酒井　地上のご本人も、「もう、これで十分だ」というふうに答えているのです。

唐沢寿明守護霊　ええ、もう十分なんです。

酒井　けれども、もう一段、夢を持って頑張《がんば》っていただかないといけないのではないですか。

唐沢寿明守護霊　だからね、どちらかといえば太閤秀吉《ひでよし》じゃなくて、〝大阪城《おおさかじょう》の石垣《いしがき》を積む人〟ですよ。

酒井　いやいや（笑）。ただ、これで喜ばれるという人は、例えば、どういうような人ですか。

唐沢寿明守護霊　えっ？　だから、そういう名前のある人を言えば、きっと喜ぶでしょう？

だけど、そういう嘘《うそ》はつかない。

酒井　嘘はつかないですよね。

唐沢寿明守護霊　うん。嘘はつかない。だから、大阪城に住む人ではなくて、〝大阪城の石垣を積む人〟です。それが私です。

酒井　大阪城をつくった方ですか。

唐沢寿明守護霊　いや、それはたとえ話ですけども、そういう立場だということですねえ。

「何百もの役柄《やくがら》を演じることは、何百回も生まれ変わるようなもの」

南無原　映画「20世紀少年」（二〇〇八・二〇〇九年）やドラマ「白い巨塔《きょとう》」では、宗教と真逆の価値観を推《お》すような役をされていましたが、何か、過去の転生《てんしょう》で宗教とご関係はあったのでしょうか。

唐沢寿明守護霊　まあ、「真逆」といえば真逆なんだけど、極端《きょくたん》まで行くと、ある意味では、宗教と〝背中合わせ〟になるんですよねえ。

だから、山崎豊子《やまさきとよこ》さんとかは、宗教と真逆の世界を描いているようでありながら、実は、宗教のいちばん大切な、「煩悩《ぼんのう》との対決」を描いてる部分

『山崎豊子 死後第一声』
（幸福の科学出版）

もあるのでね。

「煩悩とは何か」を〝開《あ》けている〟ようなところがあるじゃないですか。開《ひら》いてる部分を見せてるっていうか、「人の欲望とは何か」ってね。

例えば、「〝聖域《せいいき》〟とされている医者の世界は、聖人君子《せいじんくんし》がいるべきところ」と普通《ふつう》は思いたいところを、パカッと〝開けて〟みせるじゃないですか。これは宗教と真逆のように見えて、真逆じゃないかもしれない。実は、同じところを示してるかもしれませんねえ。

俳優の世界も、ある意味で人間の可能性というか、その役が演じられるということは、俳優をやってる一生の間に、役柄《やくがら》は何百やるか知りませんが、何百もの「転生」を繰《く》り返してるようなものなんですよ。

「ここに生まれて、こういう役・職業で生まれたら、おまえはどう生きるか」っていうことを、一回　回問われてるような、そういう〝公案《こうあん》〟を受けてるよう

●公案　禅定で修行者が悟りを開くために与えられる問題。

な感じにちょっと近いんです。

「医者だったら、おまえはどうする?」「大臣だったらどうする?」「社長ならどうする?」っていうふうな、そういう一個一個の〝公案〟をもらって、「今回はその人生を生きてみる」っていうのが、与《あた》えられた役柄の間中《あいだじゅう》の自分ですよね。司法試験なんか受けたこともないのに、「弁護士の役をやれ」と言われたら、やる。医師の国家試験を受けたこともないのに、「医師をやれ」と言われたら、やる。

そらあねえ、ある意味では人を騙《だま》す行為《こうい》ではあるんだけども、それになり切るっていうのは、人が感情移入できなかったら失敗なわけだから、なかなか大変なんですよ。本当に大変な仕事であるんで。

まあ、「私たちの仕事は古い時代にあったか」と言ったら、そういう俳優に近い仕事もあったことはありますけども、もうちょっとマイナーな世界ですよね。

昔であれば、マイナーな世界なので、私の性格から見て、たとえて言えば、「石垣を積む仕事に当たることをやるような人間であった」と言いたいねえ。

過去世《かこぜ》では、「武士」や「商人」の経験がある

南無原　先ほど、「桜が散っていくようなのが素晴《すば》らしい、美しい」というお話もあったのですが、「侍《さむらい》スピリット」というか、そういう転生もあったのでしょうか。

唐沢寿明守護霊　うーん、まあ……。ここの調査は厳しいねえ。いや、厳しい。みんな、これはやらされてんの？

酒井　だいたい、お話しいただいております。

竹内　はい。

唐沢寿明守護霊　ああ、そうですか。

酒井　完全拒否《きょひ》は、今回初めてのことでしょうか。

唐沢寿明守護霊　（舌打ち）いやあ……。完全拒否してるわけじゃあないんですけどねえ。

言った場合に、ある意味で〝色〟がつくからね。

南無原　唐沢さんは、「サービスマインド」があるところを、国民はとても支持しております（会場笑）。

酒井　あとは、「嘘はつかない」ということですね。

南無原　そうですね。ぜひ、お願いいたします。

酒井　正義感とか、わりと一徹《いってつ》なところとか……。

唐沢寿明守護霊　うーん。だけど、武士もやったし、商人もやりましたよ。両方、どっちもあります。

酒井　特に、縁《えん》が深かった方で、われわれが分かるような方はどなたですか。

唐沢寿明守護霊　うーん……（ため息）。それを訊《き》きますか。どうしても聞きたい？

酒井　はい。

唐沢寿明守護霊　ああ……。

酒井　芸能界系の方は、こういう霊的なことを信じる方が多いですから。

唐沢寿明守護霊　いやあ、昔は、〝仮面ライダー〟も〝ショッカー〟もいなかったからねえ……。

酒井　忍者《にんじゃ》でしたか？

唐沢寿明守護霊　確かに、忍者はいたね。でも、ずばり忍者ではなかったね（笑）。（今回の映画の）役は忍者だけど、忍者ではなかった。

江戸《えど》時代に田舎《いなか》の道場に所属していた？

唐沢寿明守護霊　うーん……（舌打ち）。昔で言うと、「オーディション」の役っていうのは、「御前《ごぜん》試合なんかして、召《め》し抱《かか》えられるかどうか」みたいな感じの、そういう役にちょっと近いといえば近いですわねえ。

酒井　もしかして、塚原卜伝《ぼくでん》とか、宮本武蔵《みやもとむさし》とか、そのあたりと関係はありますか。

唐沢寿明守護霊　そんな偉い人と一緒《いっしょ》にされたら、ちょっと困りますけどもね。

竹内　それとも江戸《えど》の道場のほうですか。千葉《ちば》道場とか、桃井《ももい》道場とかですか。

唐沢寿明守護霊　うーん、参ったねえ……。

竹内　ああいう道場系のほうと関係があるのですか。

唐沢寿明守護霊　ええ？　いやあ、もうちょっと田舎《いなか》の道場だったような気がしますが。

竹内　田舎？　どこの田舎ですか。

唐沢寿明守護霊　あなた（竹内）が知ってるような田舎じゃないですか。

竹内　「天然理心流《てんねんりしんりゅう》」ですか。

唐沢寿明守護霊　ハッハッ、ハッハッハッハ（笑）。

竹内　いや、冗談《じょうだん》ですね？（笑）

唐沢寿明守護霊　ハッハ、ハッハッハッハ（笑）。

酒井　（笑）嘘はつかないでくださいよ？

唐沢寿明守護霊　（笑）

竹内　嘘ついちゃいけないんですよ。

唐沢寿明守護霊　ええ。嘘をついちゃいけないですね。

竹内　どの地域の道場だったんですか。

唐沢寿明守護霊　確かに、あちらに近いほうですねえ。

竹内　本当ですか。

唐沢寿明守護霊　ええ。これは、ちょっとねえ……。新撰組《しんせんぐみ》のなかに「知っている人」がいたのか

酒井　新撰組《しんせんぐみ》にいたということですか。

唐沢寿明守護霊　いやあ、それはちょっとまずいですね。

竹内　（会場の聴聞者《ちょうもんしゃ》を指して）あちらの方の顔を見て、印象はどうですか。嘘をついたらいけませんが（笑）。

唐沢寿明守護霊　（幸福の科学の霊査《れいさ》で、過去世《かこぜ》の一人が新撰組の土方歳三《ひじかたとしぞう》とされる、聴聞者席にいる男性を見て）確かに、あちらの方を見た印象はありますねえ。

竹内　では、私や私の妻は知っていますか（注。幸福の科学の霊査によると、質問者の過去世の一人は新撰組の沖田総司《おきたそうじ》であり、妻の過去世の一人は近藤勇《こんどういさみ》である。『宇宙からのメッセージ』〔幸福の科学出版刊〕、二〇一三年十一月七日収録「『近藤勇の霊言《れいげん》』――人材の条件――」参照）。

唐沢寿明守護霊　うーん……。

酒井　ＮＨＫの会長は知っていますか（会場笑）（注。幸福の科学の霊査によると、ＮＨＫの籾《もみ》井《い》勝《かつ》人《と》会長の過去世の一人は新撰組初代局長の芹《せり》沢《ざわ》鴨《かも》である。『ＮＨＫ新会長・籾井勝人守護霊本音トーク・スペシャル』（幸福の科学出版刊）参照）。

唐沢寿明守護霊　（笑）まずいことをいろいろ訊くんですねえ。

酒井　（笑）いや、もうここまで来たら、時間の関係がありましてね。

竹内　時間が残り少ないのです（笑）（会場笑）。

『ＮＨＫ新会長・籾井勝人守護霊本音トーク・スペシャル』
（幸福の科学出版）

酒井　時間が押《お》してまして、申し訳ないのですが、お分かりかと思います。ある一定の枠《わく》で収めたいところはありまして。

唐沢寿明守護霊　うーん、そうですね……。

酒井　一言《ひとこと》だけでもお願いします。

唐沢寿明守護霊　うーん。

酒井　武士だったら、スパッと言ってください。

竹内　言わないと、新撰組は切腹《せっぷく》になりますから。

酒井　（竹内に）いや、そんな、脅《おど》してもしょうがないですよ（会場笑）。

竹内　（笑）

唐沢寿明守護霊　（笑）うーん。「新撰組《しんせんぐみ》の〝オーディション〟を受けて、落ちた」

酒井　（竹内に）では、名前を言ってみますか。

竹内　原田左之助《はらださのすけ》とか……。

唐沢寿明守護霊　新撰組《しんせんぐみ》の〝オーディション〟に落ちたほうです。

竹内　オーディションに落ちた？

酒井　落ちた？　では、最初の結成のときに来た方ですか。

唐沢寿明守護霊　オーディションに落ちたほうです。

竹内　京都でですか。

唐沢寿明守護霊　だから、新撰組はオーディションが厳しかったですからね。腕《うで》が立たなきゃいけないからね。

竹内　そのオーディション審査《しんさ》をした方は誰《だれ》ですか。

唐沢寿明守護霊　誰だったでしょうねえ。（聴衆をチラッと見て）まあ、そのへんにいるんじゃないですか（会場笑）。

竹内　ああ（笑）。

唐沢寿明守護霊　だから、オーディションに落ちたかもしれないね。

酒井　ああ。

竹内　落ちて、どこに行かれたんですか。

唐沢寿明守護霊　見廻組《みまわりぐみ》のほうに回された。

竹内　ああ、そちらですか。

唐沢寿明守護霊　うん。

竹内　（質問者の酒井を指して）こちらの方は知っていますか。

唐沢寿明守護霊　そちらは〝指名手配〟の方か何かじゃないですか（会場笑）（注。質問者の酒井の過去世は、久坂玄瑞《くさかげんずい》であることが判明している）。

酒井　（笑）

唐沢寿明守護霊　まあ、新撰組はやっぱり（現代で言うと）〝SMAP《スマップ》〟ですから、そんな簡単に入れませんからね。なかなか入れないんですよ。やっぱり、腕も立って美形でないと、なかなか入れなかったもんで。

酒井　なるほど。ありがとうございました。

竹内　分かりました（笑）。

酒井　では、以上とさせていただきます。

大川隆法　（唐沢守護霊に）はい、ありがとうございました。

9　唐沢寿明守護霊トークを終えて

大川隆法　まあ、いろいろ差し障《さわ》りがあることもあるのかもしれませんね。何か勉強になることはあったでしょうか。

うーん、確かに、もう一つのヒーロー像ではありましょう。ただ、世間《せけん》のパパ族には、こちらのほうが受けるかもしれません。最初からのヒーローには、簡単になれるものではないですからね。

なぜ私が感応《かんのう》したのか、よく分からないのです。やはり、外側からは、宗教家になって最初から脚光《きゃっこう》を浴びて活躍《かつやく》したようにしか見えないでしょうが、三十数年間、それほど楽だったわけではないので、そういう部分は同じだったのかもしれません。

それは結果論であって、やはり、途中《とちゅう》で厳しい面は、何度も何度もかいくぐってきたというところでしょうか。このあたりについて多くは語れないけれども、そういう「自分を鍛《きた》える時代」は誰《だれ》にでもあるということなのだと思います。俳優など、何らか、そういうものを志す人には勉強になる人でしょう。

なお、最初からトップスターを目指したい人は、「るろうに剣心《けんしん》」のほうを観《み》たほうがよろしいかもしれません。どちらも今年の、なかなかの名作だと思います。

はい、どうもありがとうございました。

あとがき

私自身も来秋公開予定の「UFO学園の秘密」（アニメ映画）を製作総指揮中である。これで9作目だが、基本的ストーリーや歌などは自分自身で作成していることが多い。

「創作の世界」や「イマジネーションの技術」「人の心をつかむ秘密」には私自身も関心が深い。

本書で明らかにされた唐沢守護霊メッセージには、下積み、裏方で頑張る人への勇気のメッセージが満ちていて、「人生の教科書」として使える面が多いと思う。

TVドラマや映画でも、唐沢寿明さんが出演しての失敗作というのは、まずない。その超一流俳優が「人生の千本ノック」を乗り越えた秘訣を学ぶことは、多くの日本人への「希望の原理」「勇気の原理」になることだろう。

今後ともご活躍されることを祈っている。

二〇一四年　九月二十日

幸福《こうふく》の科学《かがく》グループ創始者兼総裁《そうししゃけんそうさい》　大川隆法《おおかわりゅうほう》

『「イン・ザ・ヒーローの世界へ」――俳優・唐沢寿明の守護霊トーク――』

大川隆法著作関連書籍

『太陽の法』（幸福の科学出版刊）
『忍耐の法』（同右）
『堺雅人の守護霊が語る 誰も知らない「人気絶頂男の秘密」』（同右）
『魅せる技術――女優・菅野美穂 守護霊メッセージ――』（同右）
『俳優・木村拓哉の守護霊トーク「俺が時代を創る理由」』（同右）
『山崎豊子 死後第一声』（同右）
『宇宙からのメッセージ』（同右）
『ＮＨＫ新会長・籾井勝人守護霊本音トーク・スペシャル』（同右）

「イン・ザ・ヒーローの世界《せかい》へ」
――俳優《はいゆう》・唐沢寿明《からさわとしあき》の守護霊《しゅごれい》トーク――

2014年9月27日　初版第1刷

著　者　　大《おお》川《かわ》隆《りゅう》法《ほう》

発行所　　幸福の科学出版株式会社
〒107-0052 東京都港区赤坂2丁目10番14号
TEL(03)5573-7700
http://www.irhpress.co.jp/

印刷・製本　株式会社 堀内印刷所

落丁・乱丁本はおとりかえいたします

ISBN978-4-86395-556-1 C0076
写真：時事通信フォト

大川隆法 霊言シリーズ・人気の秘密に迫る

マイケル・イズ・ヒア!
マイケル・ジャクソン
天国からのメッセージ

マイケル・ジャクソン、奇跡の復活! 彼が天国に還って見たもの、体験したこと、感じたこととは? そして、あの世でも抱き続ける「夢」とは何か。

1,400円

人間力の鍛え方
俳優・岡田准一の守護霊インタビュー

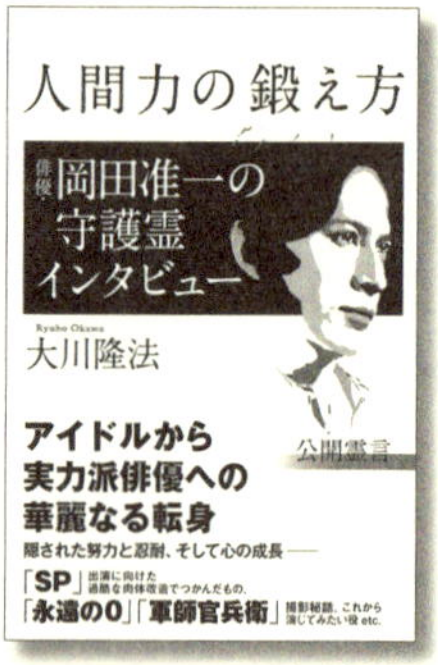

「永遠の0」「軍師官兵衛」の撮影秘話や、演技の裏に隠された努力と忍耐、そして心の成長まで、実力派俳優・岡田准一の本音に迫る。

1,400円

俳優・木村拓哉の守護霊トーク
「俺《オレ》が時代《トレンド》を創る理由《わけ》」

トップを走り続けて20年。なぜキムタクは特別なのか? スピリチュアルな視点から解き明かす、成功の秘密、絶大な影響力、魂のルーツ。

1,400円

※表示価格は本体価格(税別)です。

大川隆法霊言シリーズ・人気の秘密に迫る

魅せる技術

女優・菅野美穂 守護霊メッセージ

どんな役も変幻自在に演じる演技派女優・菅野美穂——。人を惹きつける秘訣や堺雅人との結婚秘話など、その知られざる素顔を守護霊が明かす。

1,400円

堺雅人の守護霊が語る 誰も知らない「人気絶頂男の秘密」

個性的な脇役から空前の大ヒットドラマの主役への躍進。いま話題の人気俳優・堺雅人の素顔に迫る110分間の守護霊インタビュー！

1,400円

AKB48 ヒットの秘密

マーケティングの天才・秋元康に学ぶ

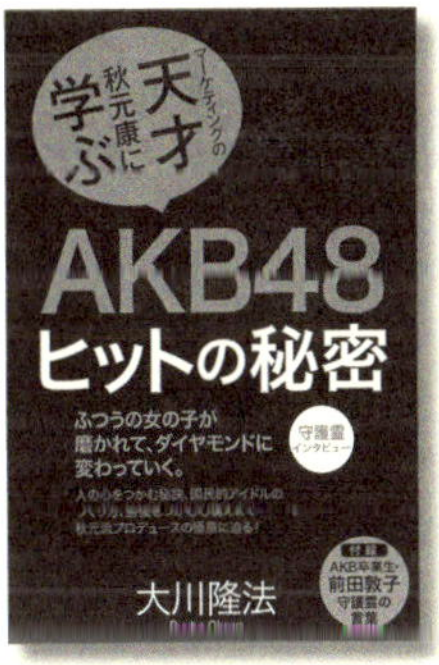

放送作家、作詞家、音楽プロデューサー。30年の長きに渡り、芸能界で成功し続ける秘密はどこにあるのか。前田敦子守護霊の言葉も収録。

1,400円

大川隆法シリーズ・**最新刊**

大学生からの超高速回転学習法

人生にイノベーションを起こす新戦略

試験、語学、教養、専門知識……。限られた時間のなかで、どのように勉強すれば効果が上がるのか？ 大学生から社会人まで、役立つ智慧が満載！

1,500円

南京大虐殺と従軍慰安婦は本当か

南京攻略の司令官・松井石《いわ》根《ね》大将の霊言

自己卑下を続ける戦後日本人よ、武士道精神を忘れるなかれ！ 南京攻略の司令官・松井大将自らが語る真実の歴史と、日本人へのメッセージ。

1,400円

宗教学者から観た「幸福の科学」

「聖なるもの」の価値の復権

戦後に誕生したあまたの新宗教と幸福の科学との違いは何か。日本を代表する3人の宗教学者の守護霊が、幸福の科学に対する本音を率直に語る。

1,400円

※表示価格は本体価格（税別）です。

大川隆法 霊言シリーズ・成功の秘密を探る

天才打者イチロー 4000本ヒットの秘密

プロフェッショナルの守護霊は語る

イチローの守護霊が明かした一流になるための秘訣とは？ 内に秘めたミステリアスなイチローの本心が、ついに明らかに。過去世は戦国時代の剣豪。

1,400円

サッカー日本代表エース 本田圭佑守護霊インタビュー

心の力で未来を勝ち取れ！

自分たちの活躍で、「強い日本」を取り戻したい！ 数々の苦境から人生を拓いてきた男の真意、そして世界で戦うサムライとしての覚悟が明かされる。

1,400円

ウォルト・ディズニー 「感動を与える魔法」の秘密

世界の人々から愛される「夢と魔法の国」ディズニーランド。そのイマジネーションとクリエーションの秘密が、創業者自身によって語られる。

1,500円

※表示価格は本体価格（税別）です。

大川隆法ベストセラーズ・人生に勝利する

勇気の法

熱血 火の如くあれ

力強い言葉の数々が、心のなかの勇気を呼び起こし、未来を自らの手でつかみとる力が湧いてくる。挫折や人間関係に悩む人へ贈る情熱の書。

1,800円

常勝思考

人生に敗北などないのだ。

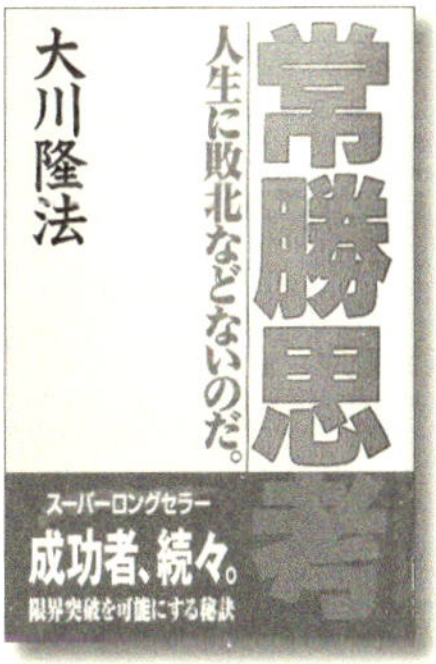

あらゆる困難を成長の糧とする常勝思考の持ち主にとって、人生はまさにチャンスの連続である。人生に勝利せんとする人の必読書。

1,456円

Think Big！

未来を拓く挑戦者たちへ

できない言い訳よりも、できる可能性を探すことに、人生を賭けてみないか――。人生を切り拓くための青春の指針。

1,500円

幸福の科学出版

大川隆法ベストセラーズ・忍耐の時代を切り拓く

忍耐の法

「常識」を逆転させるために

人生のあらゆる苦難を乗り越え、夢や志を実現させる方法が、この一冊に――。混迷の現代を生きるすべての人に贈る待望の「法シリーズ」第20作！

2,000円

「正しき心の探究」の大切さ

靖国参拝批判、中・韓・米の歴史認識……。「真実の歴史観」と「神の正義」とは何かを示し、日本に立ちはだかる問題を解決する、2014年新春提言。

1,500円

自由の革命

日本の国家戦略と世界情勢のゆくえ

「集団的自衛権」は是か非か!? 混迷する国際社会と予断を許さないアジア情勢。今、日本がとるべき国家戦略を緊急提言！

1,500円

幸福の科学出版

幸福の科学グループのご案内

宗教、教育、政治、出版などの活動を通じて、地球的ユートピアの実現を目指しています。

宗教法人 幸福の科学

一九八六年に立宗。一九九一年に宗教法人格を取得。信仰の対象は、地球系霊団の最高大霊、主エル・カンターレ。世界百カ国以上の国々に信者を持ち、全人類救済という尊い使命のもと、信者は、「愛」と「悟り」と「ユートピア建設」の教えの実践、伝道に励んでいます。

（二〇一四年九月現在）

愛

幸福の科学の「愛」とは、与える愛です。これは、仏教の慈悲《じひ》や布施《ふせ》の精神と同じことです。信者は、仏法真理をお伝えすることを通して、多くの方に幸福な人生を送っていただくための活動に励んでいます。

悟り

「悟り」とは、自らが仏の子であることを知るということです。教学《きょうがく》や精神統一によって心を磨き、智慧《ちえ》を得て悩みを解決すると共に、天使・菩薩《ぼさつ》の境地を目指し、より多くの人を救える力を身につけていきます。

ユートピア建設

私たち人間は、地上に理想世界を建設するという尊い使命を持って生まれてきています。社会の悪を押しとどめ、善を推し進めるために、信者はさまざまな活動に積極的に参加しています。

国内外の世界で貧困や災害、心の病で苦しんでいる人々に対しては、現地メンバーや支援団体と連携して、物心両面にわたり、あらゆる手段で手を差し伸べています。

年間約３万人の自殺者を減らすため、全国各地で街頭キャンペーンを展開しています。

公式サイト **www.withyou-hs.net**

ヘレン・ケラーを理想として活動する、ハンディキャップを持つ方とボランティアの会です。視聴覚障害者、肢体不自由な方々に仏法真理を学んでいただくための、さまざまなサポートをしています。

公式サイト **www.helen-hs.net**

INFORMATION

お近くの精舎・支部・拠点など、お問い合わせは、こちらまで！

幸福の科学サービスセンター

TEL. **03-5793-1727**（受付時間 火〜金：10〜20時／土・日：10〜18時）

宗教法人 幸福の科学 公式サイト **happy-science.jp**

教育

学校法人 幸福の科学学園

学校法人 幸福の科学学園は、幸福の科学の教育理念のもとにつくられた教育機関です。人間にとって最も大切な宗教教育の導入を通じて精神性を高めながら、ユートピア建設に貢献する人材輩出を目指しています。

幸福の科学学園

中学校・高等学校（那須本校）
2010年4月開校・栃木県那須郡（男女共学・全寮制）
TEL 0287-75-7777
公式サイト happy-science.ac.jp

関西中学校・高等学校（関西校）
2013年4月開校・滋賀県大津市（男女共学・寮及び通学）
TEL 077-573-7774
公式サイト kansai.happy-science.ac.jp

幸福の科学大学（仮称・設置認可申請中）
2015年開学予定
TEL 03-6277-7248（幸福の科学 大学準備室）
公式サイト university.happy-science.jp

仏法真理塾「サクセスNo.1」 TEL 03-5750-0747（東京本校）
小・中・高校生が、信仰教育を基礎にしながら、「勉強も『心の修行』」と考えて学んでいます。

不登校児支援スクール「ネバー・マインド」 TEL 03-5750-1741
心の面からのアプローチを重視して、不登校の子供たちを支援しています。
また、障害児支援の「ユー・アー・エンゼル！」運動も行っています。

エンゼルプランV TEL 03-5750-0757
幼少時からの心の教育を大切にして、信仰をベースにした幼児教育を行っています。

シニア・プラン21 TEL 03-6384-0778
希望に満ちた生涯現役人生のために、年齢を問わず、多くの方が学んでいます。

いじめから子供を守ろうネットワーク

学校からのいじめ追放を目指し、さまざまな社会提言をしています。また、各地でのシンポジウムや学校への啓発ポスター掲示等に取り組む一般財団法人「いじめから子供を守ろうネットワーク」を支援しています。

公式サイト mamoro.org
相談窓口 TEL.03-5719-2170
ブログ blog.mamoro.org

政治

幸福実現党

内《ない》憂《ゆう》外《がい》患《かん》の国難に立ち向かうべく、二〇〇九年五月に幸福実現党を立党しました。創立者である大川隆法党総裁の精神的指導のもと、宗教だけでは解決できない問題に取り組み、幸福を具体化するための力になっています。

党員の機関紙
「幸福実現NEWS」

TEL 03-6441-0754
公式サイト hr-party.jp

出版メディア事業

幸福の科学出版

大川隆法総裁の仏法真理の書を中心に、ビジネス、自己啓発、小説など、さまざまなジャンルの書籍・雑誌を出版しています。他にも、映画事業、文学・学術発展のための振興事業、テレビ・ラジオ番組の提供など、幸福の科学文化を広げる事業を行っています。

アー・ユー・ハッピー?
are-you-happy.com

ザ・リバティ
the-liberty.com

幸福の科学出版
TEL 03-5573-7700
公式サイト irhpress.co.jp

THE FACT
ザ・ファクト
マスコミが報道しない
「事実」を世界に伝える
ネット・オピニオン番組

Youtubeにて
随時好評配信中!

ザ・ファクト 検索

入会のご案内

あなたも、幸福の科学に集い、ほんとうの幸福を見つけてみませんか？

幸福の科学では、大川隆法総裁が説く仏法真理をもとに、
「どうすれば幸福になれるのか、また、
他の人を幸福にできるのか」を学び、実践しています。

入会

大川隆法総裁の教えを信じ、学ぼうとする方なら、どなたでも入会できます。入会された方には、『入会版「正心法語」』が授与されます。（入会の奉納は1,000円目安です）

ネットでも**入会**
できます。詳しくは、
下記URLへ。
happy-science.jp/joinus

三帰《さんき》誓願《せいがん》

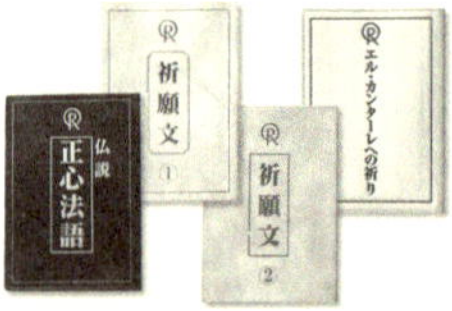

仏弟子としてさらに信仰を深めたい方は、仏・法・僧の三宝への帰依を誓う「三帰誓願式」を受けることができます。三帰誓願者には、『仏説・正心法語』『祈願文①』『祈願文②』『エル・カンターレへの祈り』が授与されます。

植福《しょくふく》の会

植福は、ユートピア建設のために、自分の富を差し出す尊い布施の行為です。布施の機会として、毎月1口1,000円からお申込みいただける、「植福の会」がございます。

「植福の会」に参加された方のうちご希望の方には、幸福の科学の小冊子（毎月1回）をお送りいたします。詳しくは、下記の電話番号までお問い合わせください。

月刊「幸福の科学」

ザ・伝道

ヤング・ブッダ

ヘルメス・エンゼルズ

INFORMATION
幸福の科学サービスセンター
TEL. **03-5793-1727**（受付時間 火〜金：10〜20時／土・日：10〜18時）
宗教法人 幸福の科学 公式サイト **happy-science.jp**